はじめに

はじめまして。

私は松屋銀座で紳士服バイヤーをしております宮崎俊一です。

バイヤーの仕事についての詳しいお話は後に譲るとして、「松屋銀座の紳士服をすべて把握している人間」だということだけ、ここでは申し上げておきましょう。

週のうち、何日かは店頭で接客をしていますので、もしかしたらお目にかかったことがあるかもしれませんね。

みなさんは、百貨店の紳士服売り場とブティックの違いは、何だと思われますか？　扱う量の違い？　トレンド感？　それともお客様と販売員との距離感でしょうか？

私が感じる百貨店とブティックの大きな違いのひとつは、百貨店の紳士服売り場には女性客がとても多いことです。理由は、「旦那様、あるいはパートナーのかわりに買い物をする女性が多い」から。確かに、サイズさえわかれば、本人でなくても買い物はなんとかなります。

無類の服好きの私にとっては実に不思議なことなのですが、ことファッションに関しては、「選択肢の多い買い物は面倒くさい」と思っている男性が少なくないようです。「よくわからないから適当に」といった選び方をされているのは、圧倒的に男性のお客様です。

もったいないなぁと思います。

おそらく、こういうお客様にとっては、「スーツを着るのはビジネスマンとしての義務」なのでしょう。これでは買い物も楽しいはずがありません。そもそも、何かを楽しむためにはある程度の知識が必要です。ルールを知らないゲームは楽しめないのと同じです。

ちょっと視点を変えてみましょう。

どんなお店であっても、置いている商品には「儲かる商品」と「あまり儲からない商品」が存在します。私はもの作りと販売をどちらも行う人間ですから、その辺りの仕組みはよくわかります。

ではみなさんは、店側が「儲かる商品」と「あまり儲からない商品」の、どちらを買いたいと思われますか?

「儲かる商品」と「あまり儲からない商品」というのは、お客様の立場に立てば「そこそこの商品」と「お買い得な商品」と言い換えることもできます。ごく一般的な考え方であれば、「お買い得な商品」を望まれる方が大多数なのでは?

私は売る側の人間であると同時に、ファッションを心から愛する者です。ですからお客様には、確かな品質と実用性、そしてファッション性を備えた「お買い得な商品」を買っていただきたいと思っています。優れた商品であれば、きっと愛着をもって、長く愛用していただけると思うからです。

そして「お買い得な商品」を選ぶためには、お客様にもある程度の知識は必要です。

この本では、「価格以上に価値のあるスーツ」を選ぶためのヒントを数多く紹介しています。

多種多様なアイテムとデザインがある女性服とは異なり、男性のビジネスファッションはアイテムが少ないうえ、歴然としたルールをもっています。スーツ選びは、いくつかのルールさえ理解すれば、実に簡単です。理詰めで進む頭脳ゲームのようなものです。

ゲームのゴールは、「価格以上に価値のあるスーツ」に出会うこと。

私自身は、ビジネスファッションは、「人間関係を円滑に進めるための手段」のひとつだと考えています。その意味でも、相手に不快感を与える服装は、絶対に避けねばなりません。でもルールを知らなかったら、「どんな服装だと相手に失礼なのか」、判断がつきませんよね。知らず知らずのうちに、服装で損をしないためにも、最低限のルールを理解することは、社会人として必要なことなのです。

最後にもうひとつ。

この本の目的は、「スタイリッシュなビジネスマンになるための方法」をお教えすることではありません。……ガッカリしましたか？

でもご安心ください。この本でご紹介したいくつかのルールを守っていただければ、あなたには必ず、「センスのいい人」という周囲の評価が、ついてきます。さらには「ビジネスパートナーとしての信頼感」や「清潔感」も、自然に備わるはずです。

極端な話、ビジネススタイルで「仕事がデキる男」という印象を周囲に与えるために、センスは絶対条件ではないのです。

必要なのは、これから私がご提案する、いくつかのルールを理解すること。スーツ選びに費やす数十分、スーツときちんと向き合うこと。これだけです。

この本を読んで「さぁ、スーツを買いに行こう！」という気持ちになっていただけたら、それに勝る喜びはありません。

２０１１年12月　宮崎俊一

成功する男のファッションの秘訣60 ■ 目次

第2章 よい服を見極めるには、コツがある ……38

第3章 これさえあれば……ワードローブの基本を押さえる ……56

第4章 スーツは着こなしてこそ、個性が発揮される……83

掲載している商品は全て松屋銀座で取り扱っている商品です。(2011年12月現在。一部季節外商品含む)

CHAPTER 1

これだけ読めば、あなたも明日から「スーツ通」

これだけ読めば、あなたも明日から「スーツ通」

第1章では、スーツに関する基本的な知識をお話しします。

でもその前に、日頃から私自身が感じていることをひとつだけ。

日本人男性の多くは、服装を含めた外見を、過小評価する傾向にあるようです。「ボロは着てても心は錦♪」って、かなり古いですが、これが多分、日本人に共通する美意識ではないでしょうか。裏を返せば、「外見だけ着飾っても、中身がないんじゃ仕方ない」。こういう発想です。

一方で欧米人の考え方は、まったく逆です。ヨーロッパでは、服装は文化であり、着る人自身の履歴を表すものでもあります。自分の家系や学歴も含め、服装にすべてが表れると考えていますから、初対面の相手の印象は、服装を判断基準にほとんど決まってしまいます。

特にイタリア人は、服装で自分を積極的にアピールすることに長《た》けています。彼らにとっては、ビジネススーツも名刺の一部。「社会的な責任を負うビジネスマンたる者、スーツくらいキチンと着こなして当たり前」、自分の能力を証明するための、武器のひとつなのです。ファッション関係者であろうと、金融業界の人間であろうと、変わりません。ヨレヨレのネクタイやきちんとアイロンのあたっていないパンツなど、言語道断。一瞬で「自分とは仕事をする価値もない人間」との評価がくだされてしまいます。

「外見＝ビジネススタイルで損をするのはもったいない」とは思いませんか？

とはいえ、「ここは日本だし」「外国人とは仕事をしないから」というご意見もあるとは思います。でも、たとえ日本人社会であっても、パリッとしたビジネススーツが「仕事ができそうな」印象を与えることは歴然とした事実ですし、プレスの利いていないスーツが「相手に対して失礼」である事実に変わりはありません。

それに、おしゃれできれいな女性が男性にとって自慢のパートナーであるように、女性だってパートナーにはスキッとスーツを着こなしてほしいと思っているはずです。

接客の経験から感じるのは、男性の場合、「販売員に質問するのは恥ずかしいし、面倒くさい」と思っていらっしゃる方が、少なくないようです。そのためか、大多数の方が、ご自分がお金を払うスーツのことをほとんど理解せずに、わずか数分の試着で購入を決めてしまいます。

でも、この章を読んでいただければ、あなたはそこ
そこの「スーツ通」になっているはず。堂々とお店に出向き、自信をもってスーツをお選びください。

METHOD 01

試着は、10着が目安です

冒頭から、少々ハードルが高いご提案かもしれません。「面倒くさい！」と思われた方も多いでしょうね。

でも百貨店の売り場に長年立ってきた経験から申し上げますと、「9割の人は、自分の正しいサイズを把握していない」のが現実。知らないのが普通なんです。

「適正なサイズをどう選ぶか」については、第3章で詳しく説明しますので、ここではまず、「あなたは自分の体型やサイズを正確に把握していない」という事実を、自覚していただきたいと思います。

適正サイズでない方の多くは、オーバーサイズを着ていらっしゃいます。これは特に40代以降、バブルを経験した男性に顕著な傾向です。当時は伝統的な紳士服の縫製が、すべて否定された時代でした。肩幅もアームホールも着丈もすべて、いわゆる正統派のスーツの作りとはまったく違ったものが、トレンドとして支持されていたのです。

バブルが過ぎ去った後も、スーツのシルエットはその頃のものを引きずっていました。なぜならお客様ご自身が、「着ていてラクなスーツ」を望むようになったからです。

でも、そもそもスーツの原点が注文服にあることからもわかるように、本来は着る人の体にぴったりしているからこそ、そのかたちは美しいのです。

スポーツウエアのように、伸びたり縮んだり、着ていてラクなものではありません。その代わり、仕立てがよく、適切なサイズのスーツは、見た目にもよい印象を与え、着る人の体型の欠点までカバーしてくれます。

一方で、20代から30代前半くらいの男性で、必要以上に小さく、ピタピタのスーツを好む方がいらっしゃいます。肩幅が小さすぎると、顔が大きく見えてかえって損なのですが……。

すべての男性がスポーツジムに通って、理想的な体型を目指す必要はありません。背が低かろうが、太っていようが、その人に合ったスーツであれば、スタイルよく見せることが可能なのです。

そのためには、自分の体型を理解することが必要です。たとえば、スーツの首の後ろにシワが出やすい人がいます。こういう男性はたいてい、肩幅が広い方です。肩幅があることでシワが出るなら、肩が大きめのスーツを選ぶことで解決します。

みなさんがスーツを選ぶ際に判断の基準とされているのがサイズ表示だと思います。

しかし同じサイズ表示になっていても、ブランドやメーカーによって肩幅や袖丈に違いがあります。

「Aのスーツはシワが出るのに、Bのスーツはシワが出ないな」といった「差に気づく」ためには、10着程度の試着は必要なのです。

最悪なのは、体型に合わないスーツを「ワンサイズ上げて」買ってしまうこと。そうならないためにも、どんどん試着してください。私はいつも30着くらい試着します。「お店の人に悪いから」なんて、気を使う必要はありません。合わなかったら堂々と、「ありがとう、また来ます」でいいと思うんです。何着試着しようと、どこかしっくりこないなら、断って当然です。

METHOD 02 「行きつけ」の店をつくる

ここ数年、個人的なスタイリングを請け負う、パーソナルコーディネイターという職業が注目されています。

私の個人的な意見ですが、「タレントさんなど、見た目重視の職業でない限り、一般の方がコーディネイトにお金を払うのはもったいない」と思っています。パーソナルコーディネイターの料金は、買った商品の2割から3割程度が目安。かなりの金額です。

私はこの本を読んでくださる方に、自分の知識と経験から、できるだけ多くのアドバイスをさせていただきたいと思っていますが、本からの知識は実地での経験に遠く及びません。ですからスーツを買おうと思ったら、「自分と相性のいい販売員がいる店を探す」ことから始めるのも、ひとつの手です。

スーツに関する知識が豊富で、しかも相性のよい販売員を見つけたら、数シーズン続けて、その人からスーツを買ってみてください。

優秀な販売員ならば、

「お客様の体型には、このメーカーのこのサイズが合うはずです」

「○○さんは去年、こんなスーツを当店で買われましたよね。ですから今度はこんな生地のスーツはいかがでしょう」

「このシャツなら、きっと○○さんは気に入るはずです」

といった、適切な助言がもらえるはずです。

そもそもショップや百貨店で経験を積んだ販売員は、「お馴染みのお客様」に対して、常にパーソナルな対応を心がけているものです。

実際、私が担当しているお客様には、「頭のてっぺんから足のつま先まで、全身、松屋銀座にお任せ」という方が少なくありません。

当然、私の頭の中には、その方のクローゼットの中身がたたき込まれていますから、「本当に必要なもの、似合うもの」を、自信をもっておすすめすることができるのです。

METHOD 03

スーツを買うのは仕事帰りに

銀座や青山のおしゃれなブティックに行くからといって、普段より気を使った格好をしていませんか？　反対に、カジュアルなTシャツ姿だという方。どちらもスーツを買いに行くのには適さない格好です。

というのも、お店側、つまりスーツをおすすめする側としては、お客様の情報ができるだけ多いほうがアドバイスしやすいからです。特にビジネススーツは、その方の職業や職場によって、ドレスコードが違います。実際にどんなスーツを着ているのかを拝見することは、非常に有力な手がかりとなります。

仕事帰りのスーツ姿であれば、その方の職場のドレスコードや状況が、なんとなく推測できます。サイズの合っていないスーツを着ていることも、プロなら一目でわかります。予算もだいたい、見当がつきます。つまり、お互いに説明の手間がかなり省けるのです。結果、スーツ選びにかかる時間も短縮できます。

極端な話、ビーチサンダルで短パン、Ｔシャツといったスタイルでいらっしゃると、どんなスーツをおすすめしていいのかわかりません。

一番困るのは、お直しの作業です。スーツの袖はシャツを着ていなければ正確に直せませんし、パンツの裾も、ご自身の靴を履いて直すのがベストです。

ですから、スーツを買う際は、普段着ているスーツをいつものコーディネイトで、シャツも靴も、できるだけ「いつもの」スタイルで行くことが、一番です。

METHOD 04

見た目に騙されていませんか？

スーツは、着ている人の動作を考え、動きやすいように立体的に作られています。適度に体にフィットして動きやすい、なおかつ着たときのシルエットが美しい、というのが理想のスーツ。こうしたスーツを作るのには、熟練した技が必要ですし、非常に手間がかかります。

作る側にとっては大きめに作るほうが簡単ですし、サイズが合わなくて「キツい」とクレームをつける方はいらしても、「ゆるい」というクレームはあまり聞きません。「キツい」という方の多くは、「腕が上げにくい」とおっしゃいます。人間の腕は程度の差こそあれ、前に曲がっています。でも、湾曲に合わせた袖の服を作るのは非常に難しい。しかも、ハンガーに掛けたときに歪《ゆが》んで見えるので、販売する側からも、お客様からも敬遠されがちです。そこで多くのメーカーは、服を大きめに、袖を太めに作ることで解決しようとします。袖を太くしておけば、腕を曲げやすいですから。

一方で、体の動きに合わせて立体的に作られたスーツは、背中から前に抱く感じで、袖が前に向かって曲がっています。人間の体の構造を考えたら、そうなるのは当然なのですが、こうしたスーツをハンガーに掛けると、少々だらしなく見えます。

ハンガーに掛かった状態で、「シワひとつなく、きれいなスーツだな」と思えるもの、「なんだかクシャッとしたスーツだな」と見えるもの、2着が並んでいたら、ぜひ、両方を試着してみてください。きっと違いがわかるはずです。

シャツも同じで、きれいにたためるシャツは着づらいことが多いのです。3万円以上の高級シャツの中には立体的に作られていて、たたもうとしても、シワシワでうまくたためないものも。だけど着てみると実に着やすい。見た目に騙《だま》されてはいけません。

ハンガーに掛けてスーツを見比べると……

見た目の悪いスーツ

体の構造や動きに合わせ、立体的に作られたスーツ。背中から前につつみ込むように袖が曲がっているため、ハンガーに掛けるとシワが寄り、見栄えが悪い。

見た目のよいスーツ

袖を太めに作ることで、仕立てを簡略化したスーツ。平面的なつくりのため、ハンガーに掛かっているとバリッと美しく見える。

METHOD
05

基本のスーツは「段返りの3つボタン」

この本では私なりに考えた「5年着られるスーツ」の選び方についてお伝えします。まず、基本のスーツは3つボタンの**段返り**《だんがえ》※注、もしくは2つボタンです。2つボタンと段返りの3つボタンのVゾーンは、ボタンを留める位置がほぼ同じ。違っていてもせいぜい数ミリの差です。

以前は段返りでない3つボタンもありましたが、ここ5年くらいはほとんど市場から姿を消しています。あったとしても、たとえばプラダのような、デザインを主張する必然性のあるブランドもの。

もしも3つボタンのベーシックスーツを見かけたら、かなり古い在庫だと思っていいかもしれません。それに、3つボタンジャケットのVゾーンは狭いので、コーディネイトが案外難しい。

ちなみに、段返りの3つボタンでは、一番上のボタンを留めて着ることは、ほとんどありません。例外として、ツイードなどの冬物で寒いときに衿を立てて着るために留めることがありますが、普段は使わないボタンです。男のジャケットは一番下のボタンは留めないつくりになっていますから、結論からいうと普段使うボタンは真ん中だけです。

※注　段返り＝第1ボタンとボタンホールは飾りとなっていて、第2ボタンのみを留めて着用するスーツやジャケットのこと。

METHOD
06

3つのポイントをチェックせよ

スーツの印象を決めるポイントは、第一に「衿」です。

カラー（上衿）とラペル（下衿）を縫い合わせた境目の縫い線をゴージと呼び、その角度やかたちによって、**ピークド・ラペル**[※注]、**ノッチド・ラペル**[※注]などの種類があります。

どんなかたちの衿であろうと、チェックすべきはラペルのロールです。

ロールとは、ラペルの折り返しの部分。これを丸く緩やかに作るには、非常に複雑な工程が必要です。縫製やアイロンワークなど、職人には熟練した技が求められ、衿の中に使う芯地などの素材も相応のものを使わなければ、美しいカーブは描けません。

スーツの価格はラペルに正直に表れていることが多く、ロールがペタンと平面的になっているスーツは、ダメなスーツと思っていただいてよいかもしれません。「ラペルはスーツの命」なのです。

2番目にチェックすべきは、ショルダー（肩）のライン。そして3番目は、衿が首に吸いつくようにフィットするかどうか。専門用語では「登り衿」と呼んでいます。衿から肩へ、どれだけなだらかにつながっているか。これが重要です。ジャケットの中には、一見、肩のラインはきれいに見えても、衿が雑に作られているものもあります。いわゆる「衿が抜けた」状態になってしまっているもの。このふたつはハンガーに掛かった状態で見てもわかりにくいので、試着して確かめるしかありません。

※注　ピークド・ラペル＝下衿の先端が上を向いたデザイン。もともとはダブルのスーツ特有のものだった。
ノッチド・ラペル＝ゴージラインがまっすぐな一般的なスーツの衿の形状。

METHOD 07

ラペル（下衿）はスーツの命

ラペルが緩《ゆる》やかに美しく返っていることがなぜ重要なのかというと、一般的に胸の厚みがない日本人の体を、丸みを帯びたロールがカバーしてくれるからです。

よく「スーツは肩で着る」と言われますが、私は「肩と胸で着る」ものだと考えています。仕立てのよいジャケットはすっと肩に馴染んで、胸にのっているという感覚です。そうすると、男らしくたくましいラインが出て、きれいに着こなせるのです。

ポイントは、肩と胸。この2点がしっくり決まると、どんな体型であっても、スーツ姿はカッコよく見えます。お腹が出ていようと関係ありません。日本の既製服は、サイズのバリエーションが非常に豊富ですから、背の小さい人にも、太った人や痩せすぎの人にも、それぞれに似合うかたちが必ずみつかります。

重要なのはサイズ選び。基本を押さえ、さらにラペルと肩、首の3つのチェックポイントを忘れなければ、その個性を生かすことができるのです。

たとえば、太っている人が大きめのジャケットを選ぶのは逆効果。一度、程よい肩パッドが入ってウエストのシェイプが利いたものを着てみてください。大きめサイズを着ているときよりすっきりと締まった印象になります。体はシェイプされていなくても、スーツがシェイプしていれば、その人自身もシェイプしているように見えるのです。

足の長さを気にしている人なら、長めの着丈をやめて、パンツ丈もほんの1cm弱、短くしてみる。後ろから見ると、パンツのセンターラインがストンとまっすぐに落ちて、すっきりした印象に。わずか数㎜、数㎝の差がきれいな着こなしを生みます。

サイズ合わせのチェックポイント

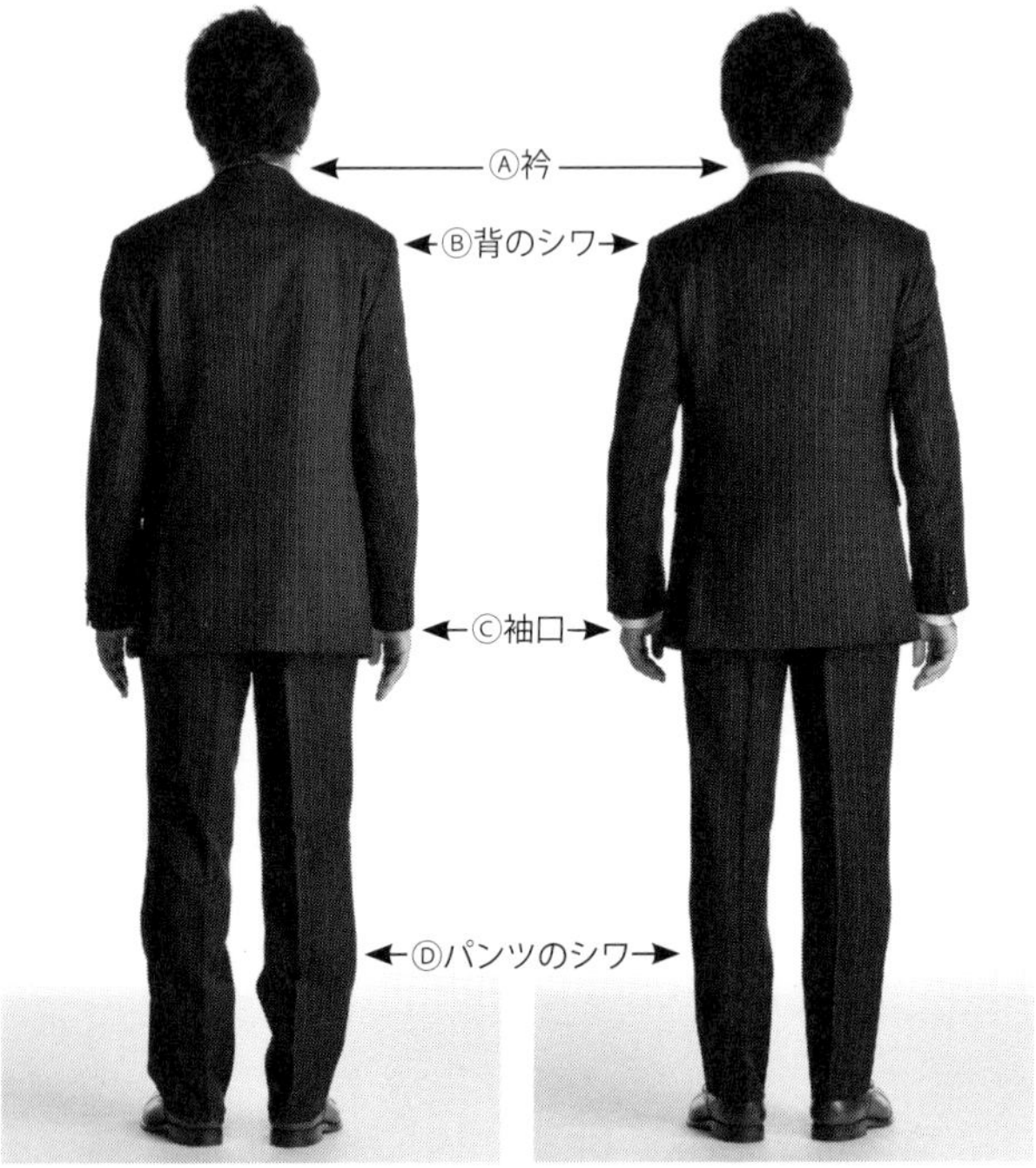

右が適正サイズ、左はワンサイズ大きなスーツを着た際の後ろ姿。たったワンサイズ大きめを選んだだけで、印象はここまで変わる。

Ⓐ左は衿からシャツの白が見えないため、首が太く短く見える。

Ⓑ左は肩幅が合っていないため、背中に不自然なシワが。右のようにジャストサイズなら背中、肩のラインともに体に沿って美しい。

Ⓒジャケットの袖丈が長すぎると、袖口からシャツが見えない。右のように衿元と袖口の3ヵ所からシャツの「白」がみえると、その効果でスッキリとした後ろ姿に。

Ⓓパンツ丈が長いと、左のようにセンターラインが歪んで、実際よりも足が太く短く見える。右はすっきりと、背も高く見える。

METHOD 08

ラペルの幅は、8・5㎝が基準

ラペルの幅は、衿が折り返しているところに対して直角に定規をあてて測ります。現在の一般的な基準は、8・5㎝。身長や体の大きさによって似合う幅は多少前後しますので、固定する必要はありません。

ただし、標準的な日本人体型の場合、8㎝はないと着こなすのは難しいと思います。

確かにハンガーに掛かっている分には、6㎝くらいのラペルって、カッコいいんです。見た目のスマートさが全然、違うなぁとは思いますが、肩幅があって、しかも顔が小さくなければ着こなせません。

それに、ラペル幅6㎝のスーツというのは、かなりトレンドを追っていますから、全体のつくりがスタンダードなモデルとは全然違うはずです。ワンシーズンのみ楽しんで着る覚悟ならいいのですが、正直言って次のシーズンも着られるとは限りません。

「5年着られるスーツを選ぶ」つもりならば、極端にラペルの細いデザインなどは選ばずに、ラペル幅は8・5㎝前後が基準。トレンドでラペル幅が変わるとはいえ、その変化はミリ単位。たった5年で古臭くなることはありませんから、ご心配なく。

ラペルの計り方

ラペルの幅は、ゴージ（境目の縫い線）ではなく、衿が折り返しているところに対して直角にメジャーをあてて計ります。5年着られるスーツを選ぶなら、8.5cm前後が基準。

METHOD 09

ビジネススーツに肩パッドは不可欠

スーツのデザインで、一番「時代」が表れるのは、肩幅でしょう。

ここ数年、トレンド的にスーツの肩まわりは、かなりコンパクトになっています。パッドが薄くなったり、あるいは入っていなかったり。イタリア製の高級スーツを中心にこの傾向が強く、後追いするかたちで全体にその傾向が見られます。

ただし、日本人の標準体型は、欧米人と比べると、肩幅に対して顔が大きいので、肩に薄めのパッドが入り、実際の肩幅よりもやや広く見せるジャケットのほうが、身長は高く見えるし、顔も小さく見えるので、バランスはいいのです。

また、決して推奨はしませんが、肩にショルダーバッグをかけている方も多いようです。スーツを着た肩に重いバッグをかけたら、パッドが入っていても型崩れは必至。ましてパッドなしのスーツがどうなってしまうかは、想像に難くありません。

耐久性以前の問題としても、肩パッドは肩幅が狭かったり、なで肩の人の体型を整えてくれるので、美しくスーツを着こなすためには必要だと思います。

袖まわりにはパッドとは別に、「ユキ綿《わた》」という付属品が使われています。ユキ綿は袖を立体的に見せるためのもので、アームホールに沿って脇から肩の頂点を通って肩甲骨に向かってUの字を反対にしたようなかたちになってつけられています。

最近の世界的な傾向としては、腕のいい工場ほど技術革新が進み、ユキ綿を省いたり、パッドを省いたり、4層構造の芯地を2層にしたり1層にしたり、あるいはまったく使わずにジャケットを作っています。

理由は、ジャケットを軽量化するためです。耐久性は多少落ちますが、イタリアの30万円から50万円のスーツを作る工場の技術をもってすれば、芯地がまったくなくてもスーツはかたちになります。現在は市場競争が激しくなっているので、安価なスーツとの差別化を図っているのです。

とはいえ、私がお話しするスーツ選びの基準は、「5年着られるスーツ」。基本的に肩パッドと4層構造の芯地が入ったものをおすすめします。

METHOD 10

プロが選ぶのはイギリス製の生地

基本となるスーツの生地は、主にイタリア製とイギリス製。そしてもうひとつ、オーダー時代から脈々と続く国産の高級生地、この3つです。

なかでもイタリアとイギリスの生地が、スーツ生地の大部分を占めていますから、このふたつの違いがわかると、スーツ選びの際の大きなヒントになると思います。

実際に売り場で拝見している限りでは、人気があるのは断然、イタリア製の生地です。この傾向は20年前から変わりません。

イタリア製の生地は、パッと見た印象でも艶《つや》があって手触りがよく、薄く柔らかいのが特徴。特に女性のお客様なら、ほぼ100％の方が、「同じ値段のスーツなら、生地はイタリア製のほうが好き。光沢があって高そうに見える」とおっしゃいます。

確かに比べてみると、イギリス製はざらざらしているし、硬い感じ。

ただ、私たちのような紳士服のプロ、あるいは作り手側が自分のスーツに選ぶのは、圧倒的にイギリス製の生地です。

パーティーなどで着る特別なスーツは別として、日常のスーツをワークウエアと捉えるならば、選択の基準として「耐久性」は、かなり重要な要素です。そういう意味で私がおすすめする「5年着られるスーツ」の前提は、イギリス製の生地を使っていること。

もちろん、イタリア製の生地では「5年着られない」とは言いませんし、なかには耐久性に優れたものもあります。一般論として、イギリス製の生地のほうがイタリア製と比べ、長持ちします。しかも型崩れしにくい。その秘密は、生地を織る糸にあります。

専門的な話になりますが、織り糸には単糸と双糸があります。単糸とは、撚《よ》りが一度かかっている糸。紡績されたままの糸です。双糸とは、単糸をさらに撚った糸のこと。撚りが強い分、丈夫な糸に仕上がります。

「経《たて》・緯《よこ》双糸」とは、経糸にも緯糸にも双糸を使用した生地のこと。耐久性とハリがありますが、光沢感はあまりなく、着た印象もカチッとしたものになります。

もうおわかりですね？　イギリス製の生地は「経・緯双糸」で織られています。イタリア製の生地のほとんどは単糸と双糸の交織。これは見た目とソフトな風合いを重視しているからで、ここに耐久性の差が出るのです。

METHOD 11

「丈夫な生地はどれですか？」と質問しよう

生地を熟知している仕立て職人が穿《は》いているパンツを見てみると、みなさんイギリス製の生地、もしくは日本製の生地を選んでいます。

パンツはジャケットよりも先に傷みますから、イギリス製の生地は特にパンツに向いています。あえてイタリア製の生地をパンツに選ぶ職人はほとんどいないはず。

耐久性のほかにもうひとつ、スーツのプロがイギリス製生地を好む理由があります。

それは「仕立て映えがするから」。「仕立て映え」という言葉は説明が難しいのですが、「思い通りにパリッと仕立て上がる」ということでしょうか。

アイロンをかけたとき、センタープレスのラインがビシッと入りますし、雨で濡れてもラインが消えにくい。これだけで見た目がまったく違います。さらに、体型をカバーするという点でも、イギリス製の生地は優秀です。太っていても、多少足が短くても、アイロンの線がビシッと入っていると、それだけで足はスラリと長く見えます。

そもそも生地にハリとコシがありますから、体のラインがきれいに見えます。言い方を換えると、昔の注文服風の仕上がりです。ハリとコシのある生地は、ラペルの美しさにつながり、肩に沿ったきれいなショルダーラインを作ります。

実はイタリアの高級な既製服を作るメーカーも、好んで使う生地はイギリス製です。

ただ問題は、現状、イギリス製の生地はそれほど選択肢が多くないこと。円高の影響で価格が下がったとはいえ、高価でもあります。

もちろん、イタリア製の生地特有のストライプのピッチが好きだったり、色合いが好きという人もいらっしゃるでしょう。ですから、イギリス製の生地を念頭に置きながら、イタリア製の中から比較的丈夫なものを選べばよいと思います。

これは販売員の知識が試される質問ですが、「経・緯双糸の生地はありますか？」と、聞くのが一番手っ取り早いですね。あるいは「イタリア製の中で比較的丈夫な生地はどれですか？」と尋ねてもいいでしょう。通常のスーツにはお客様に自由に選んでいただけるように、左の袖と身ごろの内側に生地ネームが付いていますが、よくわからない場合には、ストレートにお聞きになるのが一番だと思います。

ともかく、「イギリス製の生地は耐久性があって仕立て映えし、着用時のコストパフォーマンスにも長けている」ことを、頭に入れておいてください。

スーツの基本

1 段返りの3つボタン、もしくは2つボタン
2 耐久性、見た目の美しさを考えると、肩パッド入りが正解
3 ラペルの幅は8・5cmが基準
4 仕立て映えと耐久性に優れたイギリス製の生地から選ぶ

コラム1　紳士服バイヤーの仕事とは？

バイヤーとは、メーカーやブランドに商品を発注し、仕入れを担当するのが仕事。本来はでき上がった商品を買うのが主な業務です。

しかし、ごくごく少数ではありますが素材開発に関わったり、海外買いつけにおいても、単に仕上がった商品を買うだけでなく、日本人の体型に合わせた日本人向けの商品に作り替えるよう交渉する業務を行うバイヤーもいます。

イタリアの高級紳士既製服の場合、大抵イタリア人向けに作ってあるので、品質はいいのですが、大多数の日本人の体型には合いません。

ですから、たとえば胸囲のない日本人に合わせてジャケットのシェイプを若干上にもっていくなど、バイヤーが細かなオーダーをつけて発注します。

とはいえ、同じバイヤーの肩書でも、会社や個人のスキルによって仕事の範疇《はんちゅう》は非常に差があるのが実情。

私自身は、バイヤー本来の仕事は、もの作りの現場と販売の現場をつなぐ役割にあると思っています。

もちろん、自分の考えでお客様に提案をし、買っていただきたいという側面もありますが、それよりも大切なのは、お客様のニーズを敏感に察知し、マーケットの中で何が動いているのかを分析して、それらを作り手に伝えることだと思っています。

もの作りの現場は海外だったり日本だったり。その現場も服を作るのか生地を作るのかによって違いますが、一番川下に販売の現場があるとすれば、源流はやはり糸。

アパレル業界の場合、川上から川下までを、一人の人間が一括で把握できれば、ものすごくスムーズに事が運びます。ただ、実際問題、一人でできるのかというと、現実には難しい。

もし仮に一人の人間がコントロールできたら、私はそれが理想的なバイイングだと思っています。周囲を見ても、それができるバイヤーはいなかったので、私が設定した目標はそこにありました。

そこで国内外の生地メーカーに直接出向き、糸番から吟味しました。今でも年4回は渡欧します。現地での商談はすべて通訳なしで、英語とイタリア語で自分の意思を伝えます。通訳を介しては真意が伝わらないからです。

松屋銀座のオリジナルのスーツに関しては、本当に源流、つまり糸から関わっています。

世界最大の生地展は年2回、通常パリコレクションとかミラノコレクションの半年前に行われます。ラグジュアリーブランドのほとんどすべてが参加する割には、びっくりするくらい地味な展示会ですよ。服なんてほとんど掛かってなくて、小さな生地の見本があるだけ。

完成形が見えない中で、生地を触って確かめながら、何千着分もオーダーを入れなくてはいけない。まさに真のプロ同士がしのぎを削る戦場です。

でもどんなに華やかにランウエイを飾る服も、この作業から始まっているのです。

CHAPTER
2

よい服を見極めるには、コツがある

よい服を見極めるには、コツがある

第2章のテーマはズバリ、「よい服を見極めるためのチェックリスト」です。

ここでいう〝よい服〟とは、トレンド性が高いとか、おしゃれに見えるといったことを指すのではありません。

「値段以上に価値のある服」のことです。つまりはコストパフォーマンスの高い服。

上質な生地で仕立てのよい服を買うのは、ある意味簡単です。予算を上げればよいのですから。でも、現実的には予算は限られていますし、そんな中で「値段相応の価値もない服」を買いたくはありませんよね。

幸運なことに、日本の紳士服のマーケットは、非常に恵まれています。たとえば7万円台の予算で、これほど選択肢が広く、しかもそこそこのレベルの服が手に入る国は、世界中を見渡しても日本くらいでしょう。だからこそ、この本を読んでくださった方には、「よいスーツ」を選んでいただきたいのです。

この章では、服作りのプロだからわかる、「よいスーツの見極めポイント」をあげています。裏地の留め方や衿裏の始末、ステッチの入り方など、ポイントさえ押さえておけば、スーツをハンガーから外して、お客様ご自身で確認できることばかりです。

実際、市場に出回っているスーツを見ると、このポイントを満たしていない10万円台後半のスーツもあれば、７万円台で充分にクリアしているスーツもあります。

私がお教えするチェック方法の中には、「工場の検品」みたいな箇所もありますが、「もっとお得ないいものを」とお望みの方は、ぜひこの章をチェックしてみてください。

METHOD 12 手作業ばかりがよいスーツの証ではない

基本的に、丁寧な仕立てのスーツやシャツ、いわゆる高額品になればなるほど、作る過程で手作業が増えていきます。

ただし、誤解してはいけないのは、「ハンドメイドのスーツだけが最高級品ではない」ということです。機械でできるところを機械で処理したとしても一向に構いません。

10年くらい前、イタリア製のハンドメイドがすごく流行ったことがありました。「すべて手縫いで」という話もありましたが、全部が全部手縫いならいいかというと、そうとも言い切れません。つまり、ハンドメイド＝高品質とは限らないということです。

ラペルとショルダーラインがきれいで、首にすいつくようなラインになっていれば、機械でやろうと、手でやろうと、私はどちらでもいいと思います。

ただ、「ここだけは手作業でしてほしい」という譲れない箇所があります。バイヤーとしてどう品定めをしているのか、そのポイントをお教えしましょう。

ちなみに、スーツの「仕立て」というと、みなさんは真っ先に縫製を思い浮かべるかもしれませんが、実はスーツ作りの過程で一番重要なのは、アイロン仕事なんです。

途中工程でスーツに施されたアイロンワークが多ければ多いほど、そのスーツは体にフィットします。実際、職人がスーツを作る作業をご覧になると、驚かれると思います。1ヵ所縫ってはアイロン。次の作業の前に、またアイロン。職人はアイロンの熱で布を変形させながら、カーブを作っていくのです。

アイロンの工程を省かずに作られたスーツは、見事な立体に仕上がります。

METHOD 13

プロが教えるスーツの見方1「ラペルの裏側を見る」

ラペルの美しさを左右するのは、複雑な工程の縫製や細やかなアイロンワーク、そして副資材（芯地など）に相応のものが使われているか否か。

通常、高級スーツには、肩から裾まで毛《け》芯《じん》が入っています。毛芯とひと口に言っても、ベースとなる「台芯」や、専門用語で「バス芯」と呼ぶ、胸の部分にちょっと空間をもたせるための芯地など、それぞれに素材や厚み、大きさが異なります。

これは仕立ての話になりますが、ラペルのロールをきれいに作るためには、毛芯を表地に縫いつける工程が必要となります。「ハ刺《ざ》し」と呼ばれる手法で、**ラペルの裏側をよく見てみると、プツプツと細かな縫い目が入っているのがわかります。**このハ刺しが絶妙なロールを生み出すのです。

一般的に価格の安いスーツは、接着芯を使用しているものが多いので、衿はぺたんとした平面な仕上がりになります。

いいスーツの場合は4層構造になった毛芯を使用しています。毛芯は、前身ごろのラペル部分にハ刺しでとめられていて、ほとんどの部分が浮いた状態、つまり生地の中で芯地が動くようになっています。これを「毛芯縫製」といいます。

この「毛芯縫製」の手法を用いることでジャケットは立体的に仕上がり、ラペルが美しい曲線を描きます。さらに生地の風合いを損なわないという利点もあります。

ちなみに、通常の毛芯は4層構造で、素材にウールとコットンの混紡したものなど、輸入品を使うケースが多いのですが、松屋銀座オリジナルスーツでは、高温多湿な日本の気候に合った毛芯を独自に開発し、使用しています。

毛芯とは、服の型崩れを防ぎ、シルエットをかたち作るために、表地と一体で使われる布のこと。一般的にはウールとコットンを混紡したものや、高級なものではキャメル芯がある。いいスーツの場合、芯は４層構造になっていて、胸の部分に少し空間を持たせるなど、それぞれに目的がある。

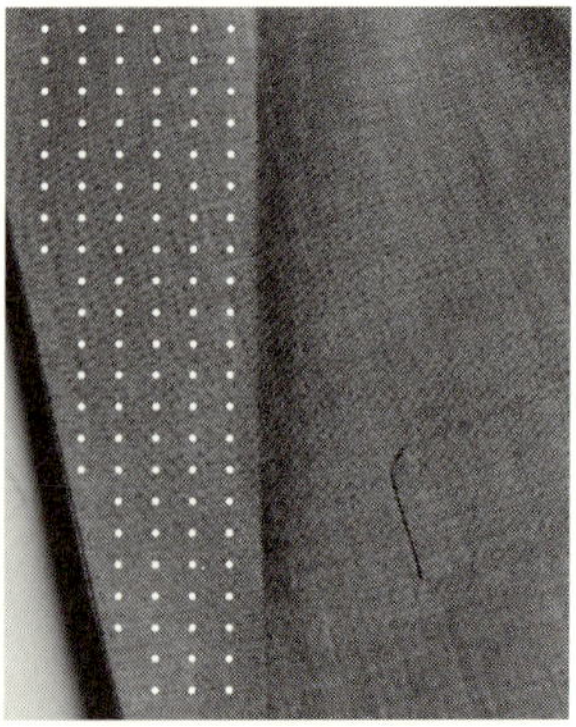

ハ刺し

芯を据えた後の、ラペルと芯を留める「ハ刺し」と呼ばれる作業にこそ、職人の「手」が問われる。写真に白点で記したように、ラペル裏の折り部分辺りにポツポツと縫い目があれば、手仕事されている証。

METHOD 14

プロが教えるスーツの見方２「衿の首まわりを見る」

次は、上衿の部分、首まわりです。**上衿が一枚の生地になっているか否かをチェックしてください。**44ページのⒶの写真のジャケットは、上衿の後ろ部分に切り返しがなく一枚で仕立ててあります。私たちはこれを「一枚衿」と呼んでいますが、非常に時間のかかる昔ながらのやり方です。こういった仕立てになっていれば、「首にすいつく感じ」（Ⓒ）も実感できるはずです。さらに写真のジャケットは着心地をよくするために裏地を手作業で丁寧に後付けしています。

一方、Ⓑの写真は、上衿の後ろ部分が上と下でパーツが分かれています。ふたつのパーツに分けることでカーブした衿を簡単に仕立てられるからです。買うときにここの部分をチェックできれば、それだけで上質な仕立てのジャケットか否かを判断できます。

「一枚衿」とは別に、「細腹《さいばら》」と呼ばれるスーツのわき腹の前身ごろと後ろ身ごろをつなぐ布地があるものも、ウエストシェイプを出すためのアイロン仕事を簡略化している目安になります。体にフィットするよう立体的なラインを作るためには、熟練した技と手間がかかるため、生地をパーツに分けることで工程を簡略化しているのです。

Ⓒ

Ⓐ

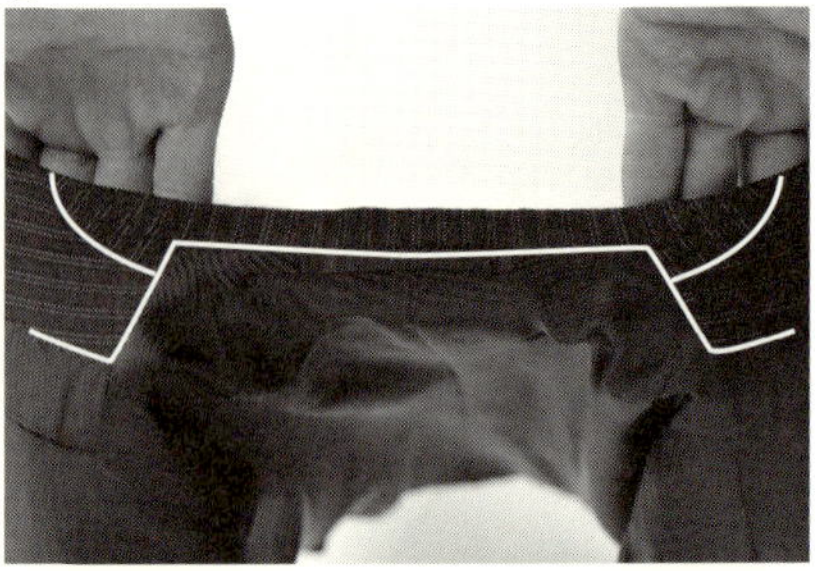

Ⓑ

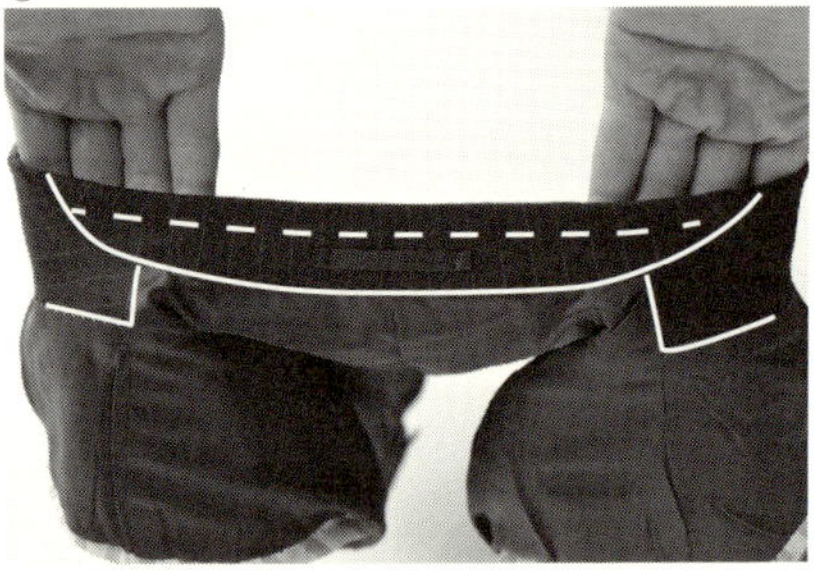

衿を見れば品質がわかる

Ⓐ首の背部分に切り返しがなく、一枚で仕立てられた上衿。「一枚衿」と呼ばれる。

Ⓑ衿が上下に分かれ、ふたつのパーツから成り立っている。

Ⓒ専門用語で「登り衿」と呼ばれる肩から衿のライン。衿が首にすいつくようにフィットし、なおかつなだらかに肩へとつながっている。

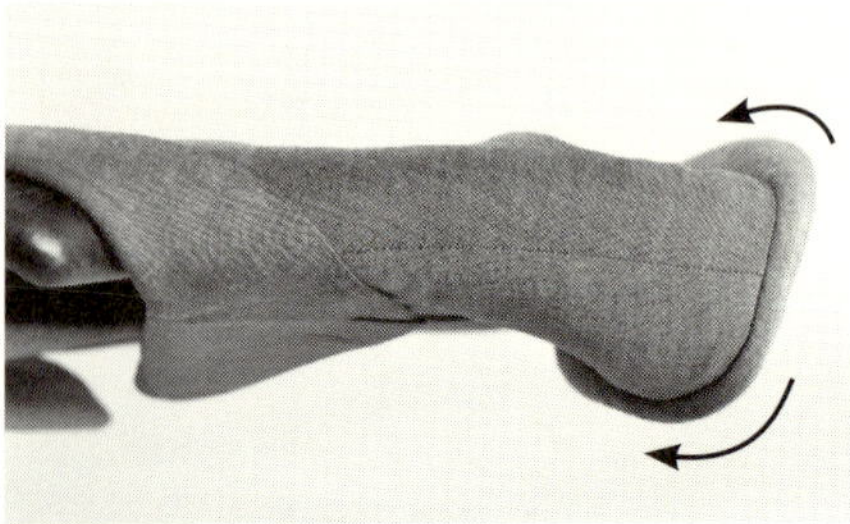

上から見れば品質がわかる

ハンガーに掛けられたスーツの上着。真上から見ると袖のつけね部分の生地が、前後それぞれ、肩にかぶさるように余っているのが見て取れる。こうしたつくりのスーツは、腕の可動域が広い。店頭で簡単にチェックできるので、ぜひ覚えておきたいですね。

METHOD 15

プロが教えるスーツの見方3「袖つけ部分にゆとりがあるか否か」

子供の頃遊んだ、ビニール製の怪獣のフィギュアを思い起こしてみてください。フィギュアの胴体には穴が四つあいていて、手足をぐっと差し込んで組み立てるような作りになっていました。

スーツのジャケットも、ちょうどあんな感じ。上着のアームホールに、ひとまわり大きな筒状の袖を縫いつけてあります。

「いせ込み」と呼ばれるこの工程は、仕立ての中でも特に高い技術が求められる複雑な作業です。熱によって伸縮するウールの特性を生かし、アイロンで形を変形させながら、肩の袖口に対してかなり大きな筒の袖を縫い合わせるのです。この作業を専門用語では「いせ込み」と呼んでいます。平面である生地を立体にしていくために、スーツ作りでは、こうした熱処理で形を変えるアイロンワークが不可欠なのです。

右ページの下の写真を見ると、胴体の袖のつけねの部分の生地が前後にかぶさっているように余っているのがわかりますよね？　**一見、だらしなくも見える袖のつけねの前後の余りは、実は多いほうがいい**んです。余りが多いほど、腕の可動域が広がります。

上着を試着した際、電車のつり革につかまるような動作をしてみてください。きれいにフィットしたジャケットは、腕を上げても身ごろがつれたり上下したりしません。型紙も関係しますが、「いせ込み」が少なく、腕の可動域が狭いジャケットは、腕を上げたときに上衿の後ろが抜けてしまいます。

安いスーツだから「いせ込み」が少ないのかといえば、一概にそうとも言えません。15万円くらいするスーツでも、平気でこんな仕立てをしてあるものがあります。

METHOD 16

プロが教えるスーツの見方4「前身ごろと後ろ身ごろは幅が違う」

丁寧に仕立てられているか否か、職人の高い技術を見ることができる部分のひとつが前身ごろと後ろ身ごろの肩の合わせ部分です。ショルダーラインの縫い目の部分をよくご覧ください。ストライプの生地だと、その違いがよくわかります。

前身ごろと後ろ身ごろのストライプの本数を数えてみると……、後ろ身ごろのほうが本数が多いことがわかるはずです。そう、縫い合わせている生地の幅が実は違うんです。幅の異なる2枚の生地を、結果的に同じ幅に縫い合わせるために、ここでも生地の端から内側に向かって、アイロンの熱で生地を変形させています。

着心地のよい立体的なスーツほど、大きさの違う前身ごろと後ろ身ごろを合わせる手間を惜しまず作られています。

なぜこんな手間をかけるかといえば、ちょっと想像していただくとわかるのですが、人間の肩は少し内側、前に向いています。背中から前につつみ込むような着心地にするために、スーツの背中も後ろ身ごろに生地を多く取って、ゆるみを与え、腕を前方向に動かしやすくなるようにして肩にかかるストレスを軽減しています。

ハンガーに掛かっていても姿勢よくピンとしているスーツには、こういった工程が省かれていることが多いのです。もちろん、工程ゼロではスーツはできませんから、たとえば「いせ込み」幅を６㎜か７㎜の最小限にして、ピュッと接着してしまう。接着しただけでも、かたちはスーツになります。プラモデルみたいに部品を組み合わせていけばいいのですから。でもそれを着てみると、上衿の後ろが抜けてしまいます。

ですからパッと見ただけではわからない、こうしたスーツの仕立てを少し理解しておくと、よいスーツがどんなものか、おわかりいただけると思います。

METHOD 17

プロが教えるスーツの見方5
スーツの品質を一発で見分ける方法

スーツについての知識がなくても、仕立ての善し悪しが一発で見抜ける方法をお教えしましょう。

スーツを仕立てる際に、一番難しい作業は衿つけです。**衿の部分を広げて置いたとき、緩やかな曲線を描いているかどうか**で、丁寧に作られているか否かがわかるのです。

熟練した職人の手によって作られたスーツは、左ページの写真の上のような曲線になります。この曲線こそが、昔ながらの手間のかかる手法をとり入れて首にフィットする着心地のよさと、男性的な美しいシルエットを生み出しているのです。確かな技術をもって縫われたハンドメイドのスーツでなければ、このような曲線にはなりません。

もうひとつ、衿つけ部分の裏地のつけ方も、手間をかけて仕立てられたものと、そうでないものを見分けるポイントになります。衿つけがきちんとされていて、他の仕立てが粗い服は、ほとんど存在しません。

試着のときは鏡を見て、「ラペルOK、肩のラインOK、首まわりのフィット感OK」と確認したら、最後に腕を上げてみてください。これでチェックは完璧です。

衿のカーブで品質を見分ける

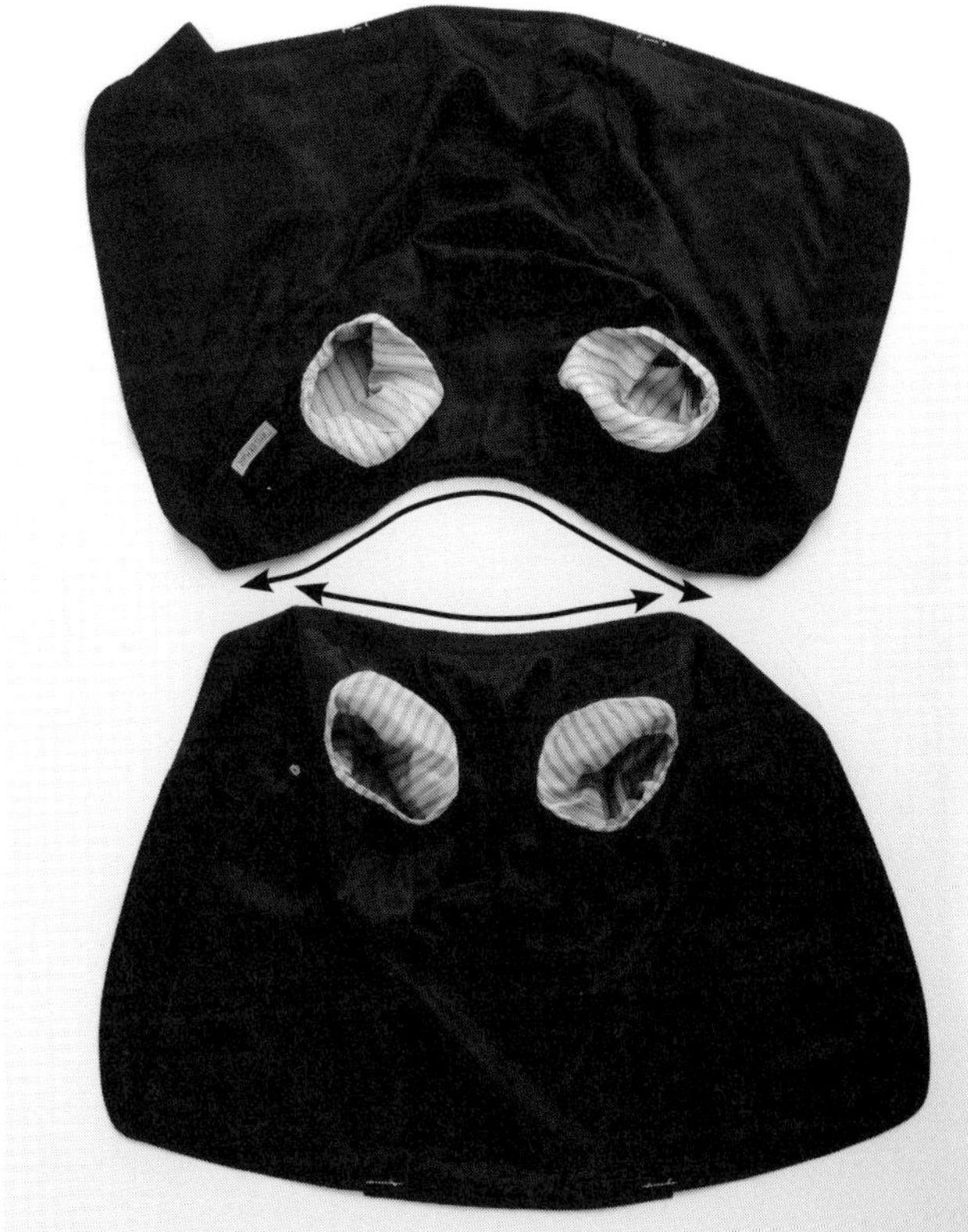

上は熟練した職人の手によって作られたスーツ。下は、ごく一般的に市販されているスーツ。上着の肩の部分に内側から手を入れてひっくり返し、テーブルの上に並べてみると、衿のカーブの差が歴然。この違いはそのまま、着心地の差となって表れます。

METHOD 18

プロが教えるシャツの見方「シャツは脇の縫い方を見る」

最後に、シャツの品質を見分ける目安をひとつ。「シングルニードル」と呼ばれる工程があります。「巻き伏せ本縫」いともいいますが、シャツの脇の縫い方を見れば、そうであるか否かがすぐにわかります。

巻き伏せ本縫いの工程は、「シャツは肌着である」というヨーロッパの文化から生まれたもの。彼らにとってシャツは肌に直接身につけるものですから、この始末がうまくされていないと、一日中縫い目が肌にこすれて不快なんです。

左ページの2枚の写真を見比べてみてください。上が1本の針の本縫いミシンで一度縫い合わせてから、巻き伏せをしてもう一度縫う巻き伏せ本縫い、下は前後2枚の生地を合わせて巻き伏せるようにして2本の針が付いたミシンで一気に縫ったもので、裏面(肌に触れる部分)はチェーンステッチになります。

巻き伏せ本縫いは表面も裏面もきれいに仕上がり、2度縫いするので、丈夫で上品な縫製方法です。また、巻き伏せ部分の幅が細ければ細いほど、作業は難しくなり、始末ができるだけ薄いほうが着やすくなります。たとえばイタリア製やフランス製の3万円以上のシャツの中には、巻き伏せ部分の幅が狭く、柄まで完璧に合わせてあるシャツもあります。とはいえ日本製の１万円くらいのシャツでも、この工程がきちんとなされているものは見つかります。巻き伏せ本縫いになっているだけでも合格としましょう。

松屋銀座オリジナルのシャツは、日本のメーカーのフェアファクスが作っていますが、１万３０００円（税別）でヨーロッパの高級シャツとくらべても非常にレベルの高い、巻き伏せ本縫いがされています。儲け優先でなく、メーカーの理念として、きちんと基準を満たした伝統のつくりになっています。一度チェックしてみてください。

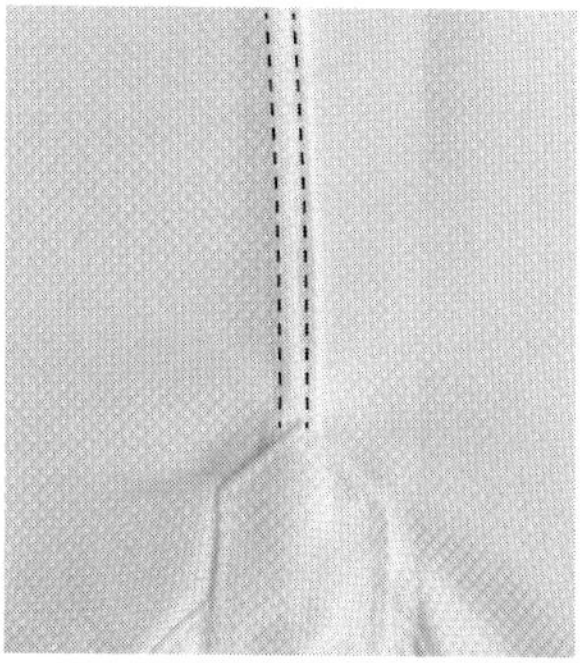

A 巻き伏せ本縫い

1本針の本縫いミシンで前身ごろと後ろ身ごろを縫い合わせてから、巻き伏せをして、伏せた部分を縫う「巻き伏せ本縫い」。始末が美しく、肌へのあたりも柔らかい。

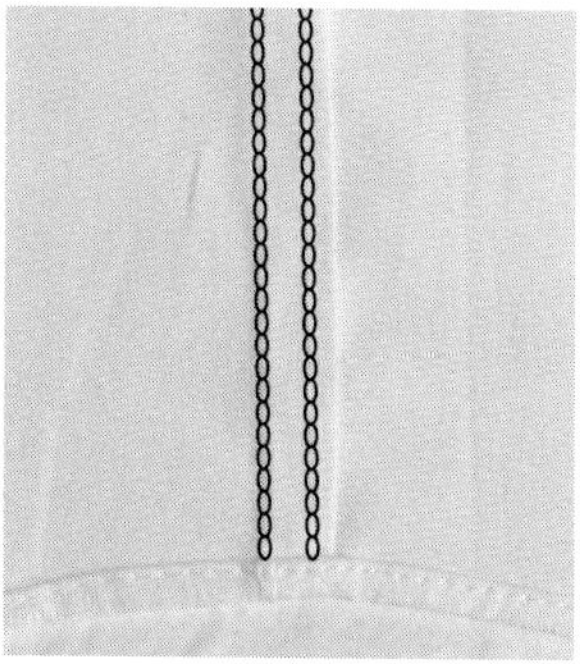

B 巻き伏せ二本針縫い

前身ごろと後ろ身ごろ、2枚の生地を合わせて巻き伏せるように2本針のミシンで一気に縫ったもの。裏面はチェーンステッチと呼ばれる縫い目に仕上がる。

コラム2　おしゃれのアンテナ

実は私は、いわゆるファッション誌と呼ばれるものはほとんど買いません。雑誌に載ってしまった情報は、すでに過去のものですから。

ラルフ・ローレンやトム・フォードなどは、非常によく歴史を研究しています。ファッションとは、新たな流行を作り出すものですが、反面、過去にあったものを、いかに今日的に焼き直すかの作業でもあるのです。

ですから、むしろ遠い過去、昔のアーカイブが非常に重要な資料となります。

たとえば、'50年代や'60年代のイタリア映画やフランス映画。出演者がその時代の服を必ず着ているため、モノクロの映画であっても、本で見るより動きがある分、服のデザイン、風合い、そして着こなし方がよくわかるんです。これは多分、シルクのスーツだろうなとか、女性のトレンチコートってカッコいいなとか。

素材開発のときには、あのスーツは何色だったのかなと想像したりします。イタリア映画やフランス映画をはじめ、学生時代から映画は死ぬほど観ました。自分にノルマを課していたくらい。

私のなかでのベストドレッサーといえば、ケーリー・グラント、スティーブ・マックイーン、ポール・ニューマンです。

特にスティーブ・マックイーンのファッションは、非常に参考になります。

実は彼、身長が当時のハリウッドの中では低いと言われていて、170㎝そこそこだったとも言われています。ちょうど現代の日本人の平均身長くらいですよね。

ケーリー・グラントはスラッとした長身だから何を着てもカッコよすぎて、逆に参考にならない面も。でもマックイーンはサイズ感、バランス感の天才。

たとえばスーツは必ず3ピースにして体が大きく見えるようにしたり、その時代にしては体にフィットするシルエットのものを着ています。そうすることによって、すごく身長が高く見えるんです。

映画の中では、チノパンひとつとっても、ぴったりとした特注品を穿いています。周囲は軍用のチノパンでダボダボのシルエットですから、彼だけが大柄に見える。

多分、神経質なくらいにバランスを計算して、衣装全部を特別に発注していたのではないでしょうか。

私は写真集を何冊も持っているのですが、それを見る限り、私生活でも隙がなくて、ファッションには本当に気を使っているのがわかります。

アクションスターとして有名だったので、カジュアルな服の印象が強いのですが、『華麗なる賭け』という作品ではスーツ中心。今でもその映画はメンズのバイヤーの間で必見アイテムになっています。

マックイーンは謎の青年実業家を演じていますが、実は趣味で強盗をしているという役。その生きざまをスーツをとっかえひっかえしながら、見事に表現しています。しかもシャツは白とブルーだけ、ネクタイはソリッドのみです。このスタイルが、当時のアメリカが描いていたリッチさなんですね。

実は最近また注目されていて、先日もイタリア人のバイヤーが「3回も観ちゃったよ!」って（笑）。実際、今観ても、そのスタイルはまったく古くささを感じません。

ぜひ、ご覧になってみてください。

「着こなしのヒントになる　オススメ本&映画」

『Dressing in the Dark: Lessons in Mens Style from the Movies』

［写真集・ハードカバー］
著：Marion Maneker
発行元：Editions Assouline

1920年代の俳優からブラッド・ピットまで、俳優たちの着こなしが、映画のワンシーンから紹介されています。サブタイトルが、「映画の中から学ぶファッションスタイル」。ファッションの参考になります。

『August Sander: Face Our Time, Sixty Portraits of Twentieth-Century Germans』（Schirmer Visual Library）

［写真集・ペーパーバック］
著：August Sander（序論：Alfred Doblin）
発行元：Schirmer/Mosel Verlag Gmbh

アウグスト・ザンダーというドイツ人の写真家による写真集。既製服がない時代、弁護士や料理人が、それぞれにふさわしい注文服を着ています。ファッション誌と見紛うばかりの展開は非常に興味深い。

『Steve McQueen 』（25th Anniversary Special Edtn）

［写真集・ハードカバー］
編集：Steve Crist，撮影：William Claxton
発行元：Taschen America LLC

スティーブ・マックイーンの貴重なプライベートショットが満載。チノパンやデニムの着こなしなどに、彼が全身のバランスを緻密に計算している姿勢が窺えます。トレンドとは一線を画した独特の美学に敬服します。

『華麗なる賭け』

［DVD］
出演：スティーブ・マックイーン、フェイ・ダナウェイ
監督：ノーマン・ジュイソン
発売元：20世紀フォックス・ホーム・エンターテイメント・ジャパン

スティーブ・マックイーン主演のサスペンス映画。ワイルドなイメージの強いマックイーンだが、この作品では完璧なスーツ姿を披露。チョーク・ストライプのスーツなど、きっちりとした着こなしに男の色気が漂う。

CHAPTER

3

これさえあれば……
ワードローブの
基本を押さえる

これさえあれば……ワードローブの基本を押さえる

この章では、「一週間のビジネススーツをノーストレスで、しかもセンスよく着回せるワードローブの作り方」について、お話しします。

男性のビジネススタイルは女性のファッションに比べると、アイテム数が非常に少ないのが特徴です。スーツとシャツ、ネクタイの3つに、靴とバッグを加えれば、完成してしまいます。

つまりビジネススタイルのコーディネイトは、非常にシンプルで簡単なのです。「男のスーツスタイルはシンプルだからこそ、奥が深い」とよく言われますが、それはファッションが「好き」か「仕事にしている」人たちにとっての話。「洗練された洒脱なスーツスタイル」を目指すのもいいですが、一般のビジネスマンに、そのようなファッションが果たして必要でしょうか？

ビジネスマンに必要なのは、ビジネスパートナーからの信頼感を勝ち得るための「堅実さ」、周囲に爽やかな印象を与える「清潔感」、そして仕事ができる男性ならではの「知性」。この3つで充分です。

この3つを容易に実現するためのコツは、「ワードローブに規則性を持たせること」。10年もビジネスマンを続けている男性ならば、スーツもシャツも、それなりの数を持っているはずです。それなのに、今ひとつ、コーディネイトがスッキリまとまらないのは、なぜか。理由は「その時々の気分でバラバラにアイテムを揃えているから」です。私の提案するワードローブの基本は、非常にシンプルです。

スーツ　3着（できれば春夏・秋冬それぞれ3着）
シャツ　6枚
ネクタイ　3本
靴　3足

これだけの数ですが、買う際に規則性を持たせることで、スーツとシャツ、ネクタイは、どれとどれを合わせても、極端な話、「目をつぶってコーディネイトしても、しっくりまとまる」ように構成されています。一度に揃えるのは大変なので、この構成を念頭に、2年計画くらいで買い足していただければいいと思います。そうすれば、朝、シャツやネクタイを選ぶ煩わしさから解放されることを保証します。

METHOD 19

買い物は、「まずシャツから」が鉄則

私が考えるビジネスマンのワードローブの基本は、スーツが3着、シャツが6枚、そしてネクタイが3本と申し上げました。

逆に言えば、これだけ最初に揃え、すでに持っているものを足して回していけば、「あれ？　あの人、急にセンスがよくなったかも」と周囲に思わせるには充分です。

そして、ワードローブを一新しようと思うならば、まず真っ先に向かうべきは、シャツ売り場です。

多くの方が、ビジネススタイルの基本はスーツだと思っているはずです。もちろん、間違いではないのですが、こと買い物の優先順位に関しては、話は別。

正しいサイズのスーツを購入するためには、正しいサイズのシャツを着ていることが、必須条件だからです。

一度、ご自分が着ているスーツの首まわりをご覧になってみてください。ジャケットの衿が擦《す》れていたり汚れていたりしませんか？　きちんとサイズの合ったジャケットとシャツを着ていれば、シャツがジャケットの首よりも1・5㎝ほど出ているはず。上着の首元はそれほど汚れるはずがないのです。

同じ身長の男性が同じサイズのスーツを着ていても、片方の男性だけが背が高く見えたり、すっきり見えることがあります。その理由のひとつが、シャツの見え具合です。

スーツスタイルの基本は、「上着の両袖口、衿の後ろの３ヵ所から同じ分量でシャツが見える」ということ。厳密に言えば、１・５㎝前後シャツが出ているのが理想です。この分量は流行によって多少変わりますが、同じ分量が見えるという原則は１００年以上変わらない着こなしのルールであり、流行とはまったく関係のないものです。

極端な話、30万円以上するスーツを着ていても、中に着ているシャツが適正なサイズでなければ、５万円のスーツに「着映え」の点で負けてしまいます。

実際、こういうことって、多いんです。イタリア製の高級スーツは、胸にボリュームがあって腕が後ろ気味についています。比較的、胸が薄く腕が前よりについている日本人の体形には合わないので、衿の後ろからシャツが見えないことも起こり得るのです。

こうなると、いくら高価なスーツでもコストパフォーマンスはがた落ちです。でも逆に言えば、決して高額なスーツを買わなくても、着映えする方法はあるということです。

「袖口と後ろ衿からシャツが見えるかどうかなんて、些細なことじゃないか」と思われるかもしれませんが、グレーや紺といったダークカラーのスーツからちらっとのぞく白、あるいは薄いブルーのシャツがもたらす視覚効果は絶大です。

まず腕を伸ばして立ったとき、袖口の白が利いて、すらっと身長が高く見えます。さらにスーツを着たダークカラーのボディに白のアクセントが加わることで、清潔感が出ます。スーツの着こなしにおいて、清潔感は好感度と同義語。非常に重要なんです。

さらにこの話は、スーツの耐久性にも関わってきます。袖口と後ろ衿からきちんとシャツが見える着こなしをした場合、スーツはほとんど汚れません。直接肌に触れないからです。ジャケットの袖口が汚れるのはシャツの袖が短いから。首元がこすれて傷むのは、ジャケットが体に合っていないために衿が肌に触れてしまうからです。

第1章で「スーツを買うときは会社帰りに」と申し上げたのは、こういう試着も、シャツを着ていないとわかりにくいからです。ジャケットの衿がヌケるという感覚や、フィット感もよくわかりません。

欲しいスーツに対して、「自分のシャツはアームホールがちょっと大きすぎるんだな」といった細かな点にも気づくことができます。

販売員も多分、シャツを着ていれば、サイズ感などに気づいて、アドバイスができると思います。失礼のない範囲で、「お客様、シャツが大きいですよ」って。

私が「買い物はシャツから」と話したのは、つまりはこういうことです。ジャストサイズのシャツを選ぶことから、すべてが始まります。
「ワードローブのリニューアルはシャツから始める」と覚えておいてください。

「上着の両袖口と衿の後ろから、1.5㎝前後シャツが見える」のが、スーツの着こなしの基本。白、あるいは薄いブルーのシャツがもたらす視覚効果は絶大だ。さらにスーツの耐久性にも関わっている。

METHOD 20

基本のシャツは6枚

一週間、シャツを無理なくローテーションするためには、最低6枚が必要です。私が提案する基本のシャツは次の6枚です。

白のシャツ　　　3枚
ブルーのシャツ　2枚
ストライプシャツ　1枚

基本の白に加えるブルーのシャツは、離れていると白に見える程度の薄いブルーです。そのくらいの色が合わせやすいのです。ストライプは白ベースに、細いストライプのものを選びましょう。ここ数年は薄いブルーを選ぶ人が増えてきました。実は、薄いブルーは白いシャツよりもコーディネイトが簡単。この本で提案する基本のスーツは無彩色であるグレー中心ですから、それを額縁に薄いブルーで下地をつけると、ネクタイは案外どんな色でもしっくり馴染むものなのです。

マルチカラーのストライプや太いストライプは、あくまで7枚目以降に。毎日のコーディネイトに変化をつけるためのアクセントだと捉えてください。

極端に言えば、白を６枚でもいいんです。職場のドレスコードを加味して判断いただけたらと思います。

実は、かなりおしゃれだと言われているイタリア人でも、シャツの内訳はこんな感じ。みなさんが想像しているよりも、ストライプシャツの着用率は低いんです。

私がここで提案したいのは、最低限のワードローブで、「いかに悩まずに、しかもセンスよく着こなせるか」ということです。クリーニングから戻ってきた順番通りにシャツを着たとしても、このワードローブなら大丈夫です。

METHOD 21

衿のかたちは断然「セミワイド」

シャツの衿の基本はセミワイドです。これにはいろいろな理由があります。

まずは衿の高さ、衿腰の問題です。一般的なセミワイドシャツは、衿の高さが首の後ろの部分で４㎝くらい。４㎝あると上着の衿からシャツがきれいにのぞきます。

衿の高さが3・5㎝くらいだと、後ろ衿からシャツが見えない可能性があります。

もうひとつ、セミワイドの利点は、ネクタイのスペースが確保されているところ。衿の隙間にネクタイの結び目がきちんと収まるように設計されていて、見た目にもきれいです。

セミワイドスプレッド

レギュラーカラーとワイドスプレッドの中間。衿は開きすぎず、狭すぎず、ネクタイの結び目がちょうどよく収まる。上着のボタンを留めたときにも、Vゾーンとシャツの間に隙間ができないので着こなしやすい。衿の高さは、首の後ろで3.8～4㎝を。

レギュラーカラー

以前はビジネスシャツの基本だったのが、このかたち。衿先の角度が狭く、とがり気味。少々「古い」印象に。

ワイドスプレッド

衿先の角度が120度前後から、広いもので180度くらいまで。ほぼ水平に近い、超広角なワイドスプレッドは、ホリゾンタル・カラーと呼ばれる。

METHOD 22

「お直し」の手間を惜しんではいけない

シャツの直しで最も多いのが袖丈ですが、ボタンの付け替えだけで直るケースがほとんどです。4cm以内でしたら、袖のボタンの位置を内側にずらすことで、適正な長さで着用することが可能です。袖丈の適正な長さとは、手首のシワと親指のつけねのほぼ中間の位置にカフスが当たるくらい。これが目安です。

4cm以上の直しは、カフスの部分で調整します。「剣《けん》ボロ」と呼ばれる、袖口の開きの重なり部分の小さな剣形の布を移動して直す場合もあります。ここには脇開きボタンがついている場合が多いので、その場合は、ボタンごと移動してカフスを動かします。

ご注意いただきたいのは、シャツの首まわりは直せませんので、必ずネックサイズを合わせたうえで袖丈を調整してください。

とはいえ、シャツ選びに関しては、日本のお客様は非常に恵まれています。日本製のシャツは首まわりの大きさに対して、袖丈のサイズが4種類あるものがありますが、イタリア製をはじめとする2万円以上するインポートのシャツは、首まわりに対する袖丈はワンサイズしかありません。

サイズが豊富だということは、私たち売る側としては1つの型に対して30～40枚も在庫を用意しなくてはいけませんから大変です。これは40年以上続く百貨店の伝統で、セレクトショップなどでは多分、袖丈はこれほど選べないはず。ですから百貨店だと、奥様が買いにいらしても袖丈の直しなしでシャツを買っていただくことができます。

にもかかわらず、サイズの合ったシャツを着ている方が少ないのが現状です。ぜひ、正しいサイズを知っていただきたいと思います。

METHOD 23

スーツの適度なフィット感とは

シャツ選びが終わったら、いよいよビジネススタイルの本丸、スーツ選びです。

第1章でもお話ししましたが、多くの人はスーツに関するサイズ感で、大きな間違いを犯しています。具体的には、適正サイズよりもワンサイズ大きめのスーツを選んでいる方が多いようです。

ごく大雑把な言い方をすれば、ジャケットを着てボタンを留めたとき、横にスーッと浅いシワが入るくらいが、ジャストサイズです。逆に、まったく横ジワが入らないスーツというのは、かなり「ゆるい」と考えていただいて間違いありません。これは別に、若い世代が着ている極端にウエストシェイプしたスーツの話ではありません。世代に関係なく、「適度にシェイプが入ったスーツ」が、今時のスーツの主流なのです。

売り場で拝見していると、2サイズくらい大きなスーツをお召しのお客様も珍しくありません。ご本人は「ゆったり着たいので」とおっしゃいますが、「ゆったり着る」というのは本来、適切なサイズの範囲での話。

そもそもスーツは体にフィットすることを前提に作られています。フィットすることで着る人の体型をカバーし、男らしいシルエットを構築してくれるのです。ですからブルゾンを選ぶ感覚で「着ていてラク」なサイズを選ぶのは、間違いのもと。

「窮屈なのが苦手」なのはわかりますが、適切なサイズのスーツによるフィット感に慣れていただくしかありません。この辺《あた》りはなかなか説明が難しいのですが、私の話に耳を傾けて、ワンサイズでも下げてくださったお客様は、かなりの割合で再来店してくださいます。そして「このあいだのスーツ、評判よかったよ」とおっしゃいます。

ご本人にしてみれば、感覚的には窮屈なのですが、まわりの評判があまりにもいいから、私の話が正しかったことを認めざるを得ないのです。

「太るかもしれないから」という方もいますが、男性の場合、かなり極端に太らない限り、サイズの変化はウエストまわりに出るものです。それはパンツのウエストをお直しすることで解決できます。

METHOD 24 肩幅と着丈は直せない。ウエストと袖丈なら調整可能

スーツを選ぶときに大切なのは、スーツの直せる箇所と直せない箇所を知っておくことです。既製服は最大公約数を占める体型に合わせて作られていますから、いかり肩、なで肩といった細かな体型の違いまでは考慮されていません。

ですから、慎重な試着で、そのスーツが自分の体型に合うか否かの感覚を摑んでいただくことが重要になるのです。

私自身の感覚では、「ジャケットが脊髄《せきずい》の中心にのっかる」イメージ。特に首の後ろ、背骨がぼこんと出っ張っているところを意識してジャケットを着ると、その感覚がおわかりいただけると思います。体型に合ったジャケットならば、腕を上下に動かしても首の後ろの出っ張った部分とジャケットの上衿の後ろ部分は簡単に離れません。つまりこれが、体との一体感なのです。

スーツは生地によって重量に差がありますが、多少しっかりした生地であっても、サイズが適正で脊髄の上にキチンと乗っていれば、あまり重さを感じないはずです。

試着のポイントは肩幅と着丈が合っているかどうか。肩幅については、ここ数年、ジャケットのショルダーラインはコンパクトになっています。肩幅が適正サイズか否かは、自分の肩のほうがほんの少し狭いくらいであることを目安にしてください。

着丈については、直さないことをおすすめします。なぜなら、ジャケットのポケットやボタンの位置が決まっているからです。たとえ１㎝、２㎝の単位でも、着丈を直すとかなりバランスが崩れてしまいます。もし、可能であれば、同じスーツをパターンオーダーしたほうがいいでしょう。パターンオーダーなら、着丈に応じてボタンとポケットの位置を調整してもらえますから。

一方で、積極的に直していいのがウエストのシェイプと袖の長さです。ジャケットで大切なのは、肩まわりや腕まわりのフィット感ですから、ウエストのシェイプはいかようにもなるのです。

まず腕を自然に下ろしたとき、前から見て脇に２~３㎝の隙間が見えるくらいが理想。たとえ太っていても、その人なりに脇を軽く絞ると、すっきりと見えます。

極端な話、服を脱いだら、「えっ！」と驚かれるような体型の人でも、肩からなだらかなラインが背中までつながると、きれいにスーツが着こなせるのです。

さらに後ろから見て、ちょっとウエストが絞られていれば、文句なし。太っている人もその人なりに絞られた上着を選ぶことが大切です。無理をして小さいサイズを買うことも、大きなサイズを買うこともありません。その人の体を包み込むようにカーブしていれば、体型はまったく気にならなくなります。

むしろ、多少太っていたほうが、「恰幅がよくて素敵」という印象になります。

袖丈は、必ず調整するものだと思ってください。

METHOD 25

パンツはウエストでなく、ヒップに合わせて選ぶ

パンツを選ぶ際に大切なのは、腰骨のところでベルトを締め、試着することです。具体的には試着したとき、ベルトが腰骨から上下1cm以内にくるものを購入対象にすること。ここ数年は股上が浅くなる傾向にありますが、ビジネススタイルのパンツには、極端に股上の浅いものはふさわしくありません。

たいていの人はパンツを購入するとき、ウエストサイズを気になさいます。でも実

は、パンツのフィッティングで重要なのは、ヒップと太もも。というのも、パンツのヒップはほんの少ししか直せないからです。

自然に立った状態で、ヒップの一番出ているところにパンツがのっかり、下に向かってすとんと落ちていればベスト。前後左右、ヒップや太ももの部分にシワがないか、きちんと確認してください。ポケットが開いてしまうのもNGです。

ヒップが合わないパンツは、買うべきではありません。パンツは「ヒップに合わせて選び、ウエストは直す」のが正解です。誤差はありますが、ウエストは最大5㎝くらいまでは、詰めたり出したりが可能。理想は3㎝以内です。

スーツというのは、ジャケットとパンツがセットになっているものなので、たとえジャケットがぴったりでも、パンツが直せなかったら購入できません。例外的に、ブランドによっては別サイズで購入できる場合もあります。

第1章で、私が「試着は10着以上」と申し上げたのは、こういう意味もあるのです。本当に面倒だとは思いますが、残念ながらスーツ選びとはこういうものです。

夏場のオフィスでは、ジャケットを脱いでいる時間が長くなります。後ろ姿は想像以上に目立つものですから、パンツの試着も手は抜かないでいただきたいですね。

そしてパンツの裾上げについて。最近では上着丈が短くなっているのに比例して、若い世代を中心に、パンツを短めに穿く人が増えています。確かにジャケットスタイルでは若干パンツが短めになってはいますが、ビジネスシーンに限定すれば、靴とパンツの隙間から靴下が見えるのはルール違反。靴下は下着だからです。

理想は、足の甲にパンツが軽く触れるくらい。パンツの前は甲に若干かかって、後ろはまっすぐに落ちる「ハーフクッション」がおすすめです。後ろから見るとパンツのセンターラインがまっすぐに見えるので、足がすっきり長く見えます。

以前は、パンツが甲に当たった部分にはっきりとシワが寄る「ワンクッション」が主流でしたから、40代以上の方々は少々短く感じるかもしれません。でも特に背の低い人がワンクッションでパンツを穿くと、足が短く見えてしまいます。

スーツ姿は全体のバランスです。テレビに出ている俳優さんで、比較的小柄な方は、そのバランスをすごく研究なさっています。たとえば裾をダブルにするときの折り返しも、基準は4〜4・5cmですが、身長によってバランスが変わりますから、小柄な方なら4cm弱がベストかもしれません。

人の体は年齢を重ねるに従い歪んでくるため、大多数の方は左右の足の長さが違っています。裾上げは両足測ってもらうこと。シャツやジャケットの袖丈も同様です。

パンツのフィッティング

✕

ワンサイズ大きいパンツ
ワンサイズ大きなパンツを選んだ場合、ヒップには不自然な横ジワがより、実際よりも太って見える。

○

ジャストサイズのパンツ
ヒップをきちんと合わせ、「ハーフクッション」で丈を直すと、足のラインがまっすぐに、長く見える。

METHOD 26

基本のスーツ。1着目は「ミディアムグレーの無地」

私が提案する基本のスーツは次の3着です。

ミディアムグレーの無地
チャコールグレーの無地
紺のストライプ

チャコールグレーよりもミディアムグレーを先に挙げた理由は、第一にコーディネイトしやすいこと。色の濃いスーツは、グレーであれ紺であれ、シャツとのコントラストが強くなります。コントラストが強いということは、コーディネイトが難しくなることを意味します。

その点ミディアムグレーなら、シャツとネクタイの合わせに悩む必要がありません。

第2の理由として、グレーはトレンドを反映しやすいカラーですが、ミディアムグレーは、チャコールやライトグレーに比べ、トレンドからはずれることがまずありません。

ここまで読んで、「あれ？　紺のスーツは？」と疑問に思われた方も多いでしょう。スタイリストさんなどにも、「紺の無地」をすすめる意見が多いのですが、実は紺という色は無難すぎて、カッコよく着るのは非常に難しい色なのです。

コーディネイトしやすく、簡単に洗練された印象を与えられるという点で、グレーの濃淡をまず、基本に据えてみてください。

先ほど、ミディアムグレーは無地をおすすめしましたが、チャコールグレーでストライプを選択するのも素敵です。

ちなみにイタリアの話をすると、朝、紺無地のスーツで出勤すると、「今日なんかあるの？」と絶対に聞かれます。イタリアのビジネスシーンではグレーが基本なんです。

もちろん、紺の無地を着ないわけではありません。紺の無地はちょっと特別な日、たとえば式典があるとか、レセプションやパーティーがあるという日に選ぶことが多いようです。

この本の中では、３着目のスーツとして、「紺のストライプ」をおすすめします。合わせやすいのは、１cmから１・５cm間隔のピンストライプです。

価格の目安としては、現状の日本で予算８万円あれば、かなり上質なスーツを購入することができます。「長く着る」ことを考えれば、適正な価格だと思います。

ただ、「よいスーツを見る目」があれば5万円台でも、上質なスーツは見つかります。

METHOD 27

私が「紺無地」をすすめない理由

日本のビジネスマンを見ると、紺無地のスーツに白のシャツの人が多いですが、実はこれが一番難しい。そもそも、紺は色のバリエーションが多すぎます。青っぽい紺から濃紺まで。ほとんどの方が濃紺を選びますが、濃紺はコーディネイト的にコントラストがきつくなるので、ネクタイ選びが難しくなります。紺無地のスーツに紺系のネクタイをすれば、一見合うようにも思いますが、ワンパターンに陥りがち。

実は、紺系のネクタイは、グレーのスーツに合わせたほうが、断然きれいです。

それにもうひとつ問題なのは、「紺無地には値段が反映しやすい」ということ。たとえば「紺無地のスーツに白いシャツ、紺無地のネクタイなら無難」という考え方もありますが、「細かい理由はうまく言えないけど、なんかちょっと変だな〜」と思うとき、原因の大部分は素材感にあります。

全身無地の合わせで周囲に「カッコいいな〜」と思わせるためには、かなりの計算が必要です。ここまで到達するには相当習熟度を上げていかないと。

スーツもシャツもかなり上質なものを選んだうえで、ネクタイも吟味して合わせ、バッチリ決まったら、確かに最高にカッコいいスタイルです。ただし、そう見せるのはかなりハードルが高いので、手を出すのは危険です。

だから、コストパフォーマンスや着映えを考えても、「そこそこの価格のスーツ」に紺無地を選ぶのは、損なんです。

これは私個人の意見ではなく、多くのプロの一致した意見です。私の知る限り、名前の知れたメンズのバイヤーでいつも紺無地のスーツを着ている人はいません。ファッションについて熟知しているからこそ、「紺無地は難しい」ということがわかっているのです。ですから、スーツを3着とするなら紺無地を選択肢に入れる必要はありません。

METHOD 28

ネクタイは、すべて紺ベースで揃えよ

私がおすすめする基本のネクタイは次の3本です。

紺ベースのドット柄
紺ベースのレジメンタル
紺ベースの小紋柄

日本の男性で持っている方が意外に少ないのが、紺ベースに白かシルバーのドット柄です。ドットの間隔は7～8㎜のタイプ。ストライプと同様に、プリントも小さいものほどフォーマル度はアップします。ですから、セミフォーマルで使用するピンドットよりは少々大きくて、ポルカドットと呼ばれる大きなドットよりは少し小さめ。

7～8㎜四方の4つの角にドットがのっているイメージです。これくらいが、派手になりすぎず、地味になりすぎず、ちょうどいいと思います。

とても洗練された柄ですし、ヨーロッパでは一番ポピュラーな柄であるのに、日本の市場では種類が出回っていないので、松屋銀座では毎年ドット柄のネクタイを期間限定のオリジナルで作っています。ピンドットからポルカドット、モノトーンからマルチカラーまで20種類。このシリーズにはリピーターの方が結構いらして、ピンドット柄ばかりを毎年買う方もいらっしゃいます。ドットの色をシルバーから薄いゴールドに替えたり、ご本人以外にはわからないくらいの差なのですが、それが楽しいのでしょうね。

2本目に選ぶべきは、「レジメンタル」。こちらもベースカラーは紺です。紺ベースであれば、ストライプには赤が入っても青が入ってもいいと思いますが、色数が増えるほど、コーディネイトは難しくなりますから、2色か多くても3色以内のほうが無難です。一番簡単なのは、紺に1色入っているだけのタイプです。

3本目は、「小紋柄」です。小紋柄とひと言で言っても、すごく範囲が広いので難しいのですが、ベースを紺にすれば、かなり合わせの自由度は高くなります。柄には茶や赤を入れてもいいですね。

ベースを紺にすることの利点は、ブルーの色のトーンで変化がつけられること。濃紺に近い色から、パープルとかサックスに近い色まで。その辺りは職場のドレスコードに合わせて、自由に選んでいただければと思います。

ベーシックにしたければ、色目はより濃いものを。これが鉄則です。どんなブルーであっても、グレーとの相性は抜群にいいはずなので、決して野暮にはなりません。

ビジネスマンなら、すでにかなりの数のネクタイを所有していると思いますが、意外にも多くの人が、紺ベースのシンプルなレジメンタルやドットは持っていないようです。でも実際に合わせてみると、誰が着ても新鮮な印象で、「この人、あえてシンプルにコーディネイトしてるんだな」と、センスを感じさせる着こなしになるはずです。

ネクタイの結び方は何種類かありますが、私がおすすめするのはごく一般的なプレーンノット。衿のかたちに合わせて結び目を変える人もいますが、「セミワイドにプレーンノット」の1種類をおさえていれば、充分です。

「着こなす」ことを意識するならば、ノットを自然な感じでふわっと仕上げるよう意識してみてください。自然体でスーツを着こなすのは、とても難しいことですが、それができると、同じスーツを着ていても、印象がガラリと変わります。

ここでは、改めて、プレーンノットの締め方を復習してみたいと思います。

基本的にはみなさんもご存じの通りの結び方ですが、ディンプルと呼ばれる、えくぼのような溝をつけるのがポイント。おしゃれなイタリア人だと、わざとディンプルを端にずらす人もいます。チャールズ皇太子をはじめ、イギリス王室の方々はディンプルなしが多く、つるっとした感じで結んでいます。

「プレーンノットだから太く結べない」のではなく、結び方の加減で大きさを調整できるんです。たとえば「ワイドカラーのシャツにプレーンノットは合わない」という人もいますが、私はウインザーノットなどのがちがちな感じより、プレーンノットのリラックス感が今どきの気分かなと思います。

一度テクニックを覚えてしまえば簡単ですから、ぜひトライしてみてください。

プレーンノットの結び方

1

小剣がベルトにかかるくらいの長さを目安にネクタイを首にかけ、左手で小剣をＶの字に折って交差させる。ひと巻きして大剣を結び目に通す。

2

左手の人差し指と親指で小剣をＶ字に折った部分を軽くつまみながら締めていくと、結び目に偏りができにくくなります。ディンプルも自然に入ります。

3

もうひとつのポイントは、ネクタイの前に垂れる大剣を断面図でいえばＭの字にたたみ、後ろの小剣はＶにたたむこと。こうするとＭとＶがかみ合って、結び目が緩みません。

4

裏ワザとして結び目の上に左手の人差し指を通しながらゆっくり締めていくときれいなディンプルがつくれます。

5

基本は、大剣と小剣の先が揃っていること。身長の問題もありますが、長さはベルトに軽くかかるくらいのイメージで。

6

最後に結び目のボリューム感をもう一度チェック。結び目をふわっとしたリッチな感じに仕上げて完成。

CHAPTER

4

スーツは着こなしてこそ、個性が発揮される

スーツは着こなしてこそ、個性が発揮される

さてみなさん、ここまで読んでいただいて、ご自分のワードローブがしっかりイメージできましたか？　一度にすべてを揃える必要はありません。ただ、タンスの中に、どんなスーツが何着と、どんなシャツが何枚入っているのか、把握できただけでも、あなたのセンスは一歩前進したと言って間違いありません。

みなさんはすでに、スーツを「選んで」「着る」ことにかけては、まったく問題がないレベルに達しています。次はいよいよ、「着こなす」ことを考えてみましょう。

私は最初に、「ビジネススタイルで好印象を周囲に与えるために、センスは絶対条件ではない」と申し上げました。正しいサイズを選び、いくつかのルールを守って着るだけで、あなたのスーツスタイルはすでに充分スタイリッシュな印象になっているはず。

この章では、スーツスタイルにさらに磨きをかけるための、着こなしのテクニックをご紹介しています。服を着こなすためには、ひとつ「手間を加える」、あるいは「あえて手間をはぶく」ことが必要です。そうすることで、スーツはよりぴったりと体に馴染み、あなた自身の個性を表現するための、心強い相棒となってくれることでしょう。

METHOD 29

基本のスーツ、ミディアムグレーのコーディネイト

白シャツ×レジメンタルタイ

白シャツ×ドット柄ネクタイ

水色シャツ×レジメンタルタイ

水色シャツ×ドット柄ネクタイ

METHOD 30

白のチーフでビジネススーツを爽やかに

白シャツ×小紋柄ネクタイ

水色シャツ×小紋柄ネクタイ

私はぜひ、白のポケットチーフを毎日していただきたいと思っています。その理由は、「白」がもたらす爽やかさと清潔感。スーツスタイルは、「周囲にどういう印象を与えるか」という観点も大切です。色や柄にこだわると、コーディネイトが面倒ですし、オフィスによっては「しゃれ過ぎ」と見られる恐れもありますが、ルール的には白のチーフをしたから「相手に失礼」ということには絶対になりません。逆にその人のトレードマークになるのでは。女性から見ても、好感度が高いようです。

METHOD 31

紺のスーツのストライプの幅は、1㎝から1・5㎝が基本

基本のスーツ3着目は、「紺のストライプ」と申し上げました。合わせやすいのは、1㎝から1・5㎝間隔のピンストライプです。

ストライプは、幅が狭く、間隔も狭いほうがフォーマルになります。1㎝未満のものもありますが、これだとストライプのシャツと喧嘩しやすい。シャツの場合、1・5㎝より間隔の開いたストライプはほとんどないので、上着のストライプを少し広くしておけば、コーディネイトで迷わずにすみます。スーツは単価の高いアイテムですから、応用を広げるためには、フォーマル度の高めのものを基本にしておくのがベストです。

METHOD 32

４本目におすすめのネクタイは……

ここ数年、トレンドとして注目されているのがソリッド（無地）タイ。素材や織り方の違いで選びます。茶色の小紋柄ネクタイもおすすめで、グレーのスーツに合わせると洗練された印象になります。

紺のソリッドタイのバリエーション

左からシルク素材のツイル、フレスコ、ニットタイ、ウール素材2種。左から右に向かってカジュアル度が増していくイメージ。

敬遠しがちな茶色だが、グレーのスーツとは好相性。特に水色が入った小紋柄がおすすめ。

METHOD 33

「基本の3着」に+αが可能ならば、「紺のジャケット」

スーツを3着用意して余力があるのなら、次に買うべきは「紺のジャケット」。あるデータでは、70%にあたる会社が「ジャケット通勤可」という数字になっています。スーパークールビズが適用される夏場はさらにパーセンテージが上がりますが、冬場でもかなりの会社でジャケット通勤が認められているようです。

紺無地のジャケットには、グレーのパンツが基本です。グレーのパンツはミディアムグレーくらいから、チャコールグレーまで。夏場でいえば、もっと薄いライトグレーまで合わせられるので、バリエーションは広がります。

モヘア混のジャケットは手に持っても鞄に挟んでも、シワになりにくい。オフィスの置きジャケットとしても最適です。触るとシャリ感があり、さらさらしています。モヘア混の他、強撚ウール も軽くてシワになりにくい。

METHOD 34

1足目の靴は黒のストレートチップを

ワードローブの基本としておすすめしたい靴の1足目は、黒のストレートチップ。内羽根式と外羽根式がありますが、おすすめは内羽根の黒です。2足目には茶色か黒のプレーン・トウ。3足目は黒でも茶色でも、お好きなデザインの紐靴を。私が提案した基本のスーツ3着であれば、靴は黒でも茶色でもマッチします。

ドレスコードの厳しいオフィスなら、茶色は3足目と考えて、黒を2足にするのが無難。あるいは3足目にラバーソールの靴を選べば、雨の日にも使えるので重宝します。

着こなしのルールとして、靴とベルトの色は必ず合わせます。昨日と違うスーツ、シャツ、ネクタイを無造作に選んで、靴を黒にしたら黒ベルト、靴を茶色にしたら茶のベルト。これで完成。実に簡単です。

内羽根式のストレートチップはセミ・フォーマル。

シンプルで使いやすいプレーン・トウ。

メダリオン（飾り）がついたデザインは3足目に。

METHOD 35

使い勝手のよいクールビズの小物

ニットタイは、幅５cm～６cmといろいろありますが、６cm前後がきちんと見える適正幅。紺を選ぶ方が多いのですが、ドレッシーなのは黒。60年代、アイビーの時代からニットタイなら黒と決まっています。ゴムメッシュベルトは、革のベルトをするよりも涼しげな印象になるうえに、冬も使えるので、コストパフォーマンスは非常に高いです。

ニットタイ

本来カジュアルなものを仕事に使うときには特に、少しドレス感のあるものを。夏だけのものと勘違いしている人もいますが、シルク素材ならば一年中使えます。むしろフランネルやツイードなど、冬の素材と好相性。

ゴムメッシュベルト

ゴムメッシュ、あるいはおしゃれに呼ぶならばエラスティックベルト。このベルトが優秀なのは、革のパーツが多いので、カジュアル感とフォーマル感のバランスがいいこと。それから座ったときに伸びるため、新幹線や飛行機など、長時間の移動時にはラクチン。

METHOD 36

クールビズのコーディネイト

《フォーマル度☆☆☆☆》

「モヘアは冬の素材」と勘違いしている人も多いのですが、実はむしろ夏物で多用される素材です。モヘア混のジャケットは着て涼しく、手に持っても鞄に挟んでもシワになりにくいので、盛夏用のスーツとしても最適。涼しげなネクタイはフレスコ素材。夏のコーディネイトには、赤などの色を使わず、「グレー×ブルー×白」でまとめると、爽やかな印象に。スーツ／ATELIER MADE　ピンオックスの松屋銀座オリジナルシャツ／FAIRFAX　ネクタイ／ROBERT FRASER　麻のポケットチーフ／FAIRFAX（以上すべて松屋銀座）

METHOD
37

クールビズのコーディネイト

《フォーマル度☆☆☆》

ホップサック素材の紺ジャケットにミディアムグレーのウールのパンツの組み合わせ。ジャケットスタイルOKの職場であれば、最高に好感度の高いコーディネイト。しかも難しいテクニックは必要なし。よりドレッシーな印象にしたいのなら、ニットタイを通常のシルクタイに。ジャケット／ATELIER MADE　ピンオックスの松屋銀座オリジナルシャツ、ニットタイ、麻のポケットチーフ／３点ともFAIRFAX　パンツ／参考商品（以上すべて松屋銀座）

METHOD 38

クールビズのコーディネイト

《フォーマル度☆☆》

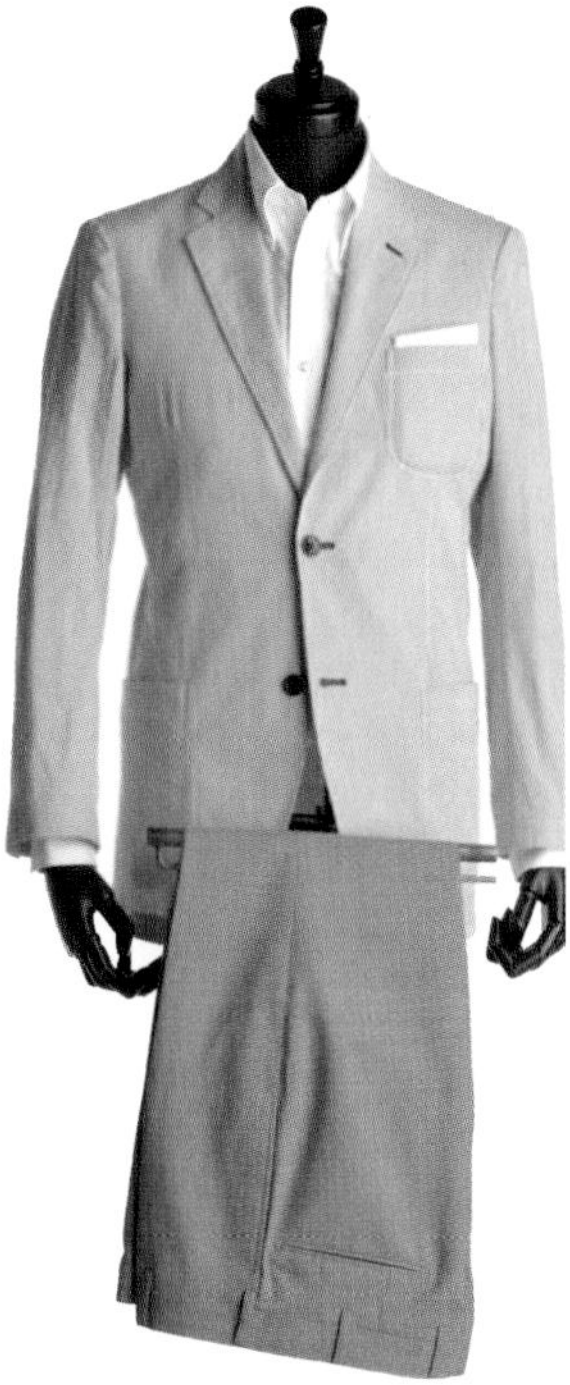

松屋銀座オリジナルの「JATTS（ジャッツ）」は、シャツ素材を使い、シャツ工場で仕立てたジャケット。裏地のない一枚仕立てのため、とにかく軽く、涼しいのが特徴。コットンのシアサッカー素材を選べば、より爽やかな印象に。右ページのパンツよりも薄いグレーのパンツを合わせ、全身のトーンを統一している。色みは最小限に抑えているので、こちらもセンス要らず。フォーマル度を上げたいのなら、ニットタイをコーディネイト。ジャケット／「JATTS」ボタンダウンのシャツ、麻のポケットチーフ／ともにFAIRFAX　パンツ／参考商品（以上すべて松屋銀座）

METHOD 39

クールビズのコーディネイト

《フォーマル度☆》

ジャケットはコットン50%、麻50%の極薄一枚仕立て。ラフに扱えて、しかも着たとき復元力のある素材なので、夏のジャケットにぴったり。台衿付きの長袖ポロシャツと合わせて。もちろんネクタイをしてもサマになる。パンツは93ページで使用したものと同じ。休日スタイルとしても大いに活躍しそうな着こなしです。ジャケット／「JATTS」　ポロシャツ／LACOSTE　麻のポケットチーフ／FAIRFAX　パンツ／参考商品（以上すべて松屋銀座）

METHOD 40

ウォームビズのコーディネイト

《フォーマル度☆☆☆☆》

暖かな起毛素材のスーツにニットベスト、ウール素材のネクタイを合わせたコーディネイト。ウールタイはかなり首元が暖かい。ニットベストは寒暖の調整がしやすいうえに、ジャケットのシルエットを邪魔しないため、ウォームビズのイチオシアイテム。一番下のボタンは留めずに着るのがルール。スーツ／ATELIER MADE　松屋銀座オリジナルシャツ、ポケットチーフ、ネクタイ／ともにFAIRFAX（以上すべて松屋銀座）

METHOD 41

ウォームビズのコーディネイト

《フォーマル度☆☆☆》

1着購入すれば10年は着られるハリスツイードは、機能性に優れるだけでなく、トレンド的にも旬なアイテム。青紫の糸が織り込まれているので、同じ色のウールタイを合わせてみました。少々上級者向けですが、ポケットチーフにもブルー×赤のウール素材を選び、見た目にも暖かさを感じさせる着こなしに。ジャケット／ATELIER MADE　松屋銀座オリジナルシャツ、ネクタイ、ポケットチーフ／3点ともFAIRFAX　パンツ／参考商品（以上すべて松屋銀座）

CHAPTER 5

スーパークールビズが日本のドレスコードを破壊する？

スーパークールビズが日本のドレスコードを破壊する？

東日本大震災後、日本の夏のドレスコードは一気に様変わりしました。スーパークールビズが定着し、半袖のシャツにノーネクタイといういでたちのビジネスマンが闊歩する姿は、銀座ですら珍しい光景ではなくなりました。

環境省が作成したガイドラインでは、「ノータイ、ノージャケット、半袖ＯＫ」などとされています。ただし「ＴＰＯに応じた節度ある着用に限り可」とも書かれていますｓ。これは非常に難しい。そもそも「ＴＰＯに応じた節度ある着用」の定義がないのですから。

私が考えるポイントは、「クールビズといえども、あくまでビジネスの服装だ」ということです。服装は相手への気遣いですし、「周囲に対して失礼にならないか」がボーダーライン。こう考えれば、「アロハやＴシャツ、デニムに短パン、サンダルはあり得ない」ことが理解できるはずなんです。もちろん個別で見れば、「アロハもＯＫ」な企業はあるとは思います。ただ、あえて着る必要はないでしょう。

もうひとつ重要なのは、「ビジネススタイルはあくまで対人関係を円滑にするためのファッションだ」ということです。そこに必要なのは、清潔感とマナーを前提とした一定のフォーマル感。個人的には、お客様の前で「ジャケットなしの半袖」という服装はあり得ないと考えています。

ですから、クールビズを考える際には、ご自分の職種、職場のドレスコードをよく吟味する必要があります。

一般的にサービス業、製造業はクールビズが進みやすいようです。私がリサーチした中でも、半袖のポロシャツやチノパンがＯＫだったのは、サービス業と製造業でした。もちろん、会社によって差はあります。

一方で金融系、ゼネコンを含めた建設系、もしくは職種を問わず営業担当の人は、半袖自体も部署によってはＮＧなところが多かったようです。特に金融系は、取引先を訪問する際は「ネクタイ、ジャケット着用」が原則のようです。

一般論でクールビズを語るのは非常に難しいのですが、この本では、「相手に失礼な印象を与えないこと」「義務感でなく、着ることを楽しむこと」を軸に話を進めていきたいと思います。基本はカジュアルアイテムのドレスアップではなく、あくまでビジネスアイテムのドレスダウンです。

とはいえ、真夏の満員電車でジャケットにネクタイは、節電の年でなくても大変です。ですから、クールビズには「通勤スタイルと勤務スタイルを分けて考える」発想も必要だと考えています。通勤はシャツにパンツのスタイルで。でも、少なくともお客様に会う際は、会社に置いてあるジャケットとネクタイを着用しましょうということです。

それからもうひとつ、シャツの裾はできるだけ、パンツにタックインしていただきたいですね。シャツはアイロンをあてたものを、パンツはウールであってもコットンであっても、センタープレスの線が入ったものを。これを守るだけでも、ずいぶんと節度のある着こなしに近づけると思います。

METHOD 42

ヨーロッパでは「ビジネスに半袖シャツはあり得ない」

実はビジネスで着るシャツに半袖が存在するのはアメリカと日本ぐらいです。ヨーロッパの人たちからすれば、半袖シャツにネクタイはかなりマヌケに映るようです。百貨店としての立場からすれば、お客様のご要望に合わせることが仕事ですから、売り場にはネクタイに合うような半袖シャツもご用意しています。ただ、これは私どもからの積極的な提案ではありません。

できれば、スーツやシャツの素材を工夫して、きちんとしたドレスコードに則《のっと》ったビジネススタイルをしていただきたいのが本音です。特に、重要なポジションにあるビジネスマンは、社会的な責任もあるのですから、やはり本来のビジネスコードを守ることは大切です。

もちろん、「外回りが多いから暑くて」とか、「テレビでもノーネクタイ、ノージャケット、半袖シャツが推奨されてたし」というご意見はあると思いますが、そうなると世界的な水準からみて、日本のドレスコードだけがどんどん下降してしまいます。

特に、ヨーロッパの方々を相手に仕事をしている方にとっては、大きな問題だと思います。

あるお客様から、こんな質問を受けました。

「長袖の袖をロールアップするのはありですか？」と。

これは「あり」です。しかも世界共通のマナーとして。

たとえば冷房が効いていないオフィスで、長袖をロールアップするのはルール違反ではありませんし、むしろ半袖よりもずっとスマートなスタイルです。なぜなら、また長袖として袖を下ろせますから。

ジャケットを着るときも、半袖ではジャケットの裏地が直接肌に触れて汚れてしまいます。実用的な面からも、長袖着用は理に適っているのです。

繰り返して申し上げますが、ビジネスの半袖シャツを全否定するつもりはありません。ただ、「本来はあり得ないアイテム」であることを知ったうえで、着ていただきたいと思います。

METHOD 43 涼しさの工夫は生地の選択で

「オックスフォード」という生地があります。ボタンダウンシャツに使われる代表的な生地で、緯糸に色糸を2本、経糸に白糸1本で織った平織りの生地です。通常のオックスフォードは、だいたい40から60番手の糸が使われています。カジュアル感が強いので、一般的にビジネス向きとは言えません。番手というのは糸の太さを表し、数字が小さいほど太くなり、番手が上がっていくほど細くなります。

家で普通に扱えるのは、100から120番手まで。耐久性は100番手くらいまでが優れています。２００番手くらいになると、コットンでもシルクっぽい肌触り。家で洗ってしまうとシワになって、アイロンではなかなか戻らない感じです。

そしてロイヤル・オックスフォードというのは、オックスフォードよりも細番手の糸で織られたもの。オックスフォード独自の耐久性は保ちつつ、しなやかで艶があります。家で洗ってもシワになりにくいので、アイロンで簡単に戻ります。丈夫なのにエレガントに見え、通気性もいいので一年を通して着られます。

今回、私からの提案として、６枚のシャツをおすすめしていますが、その中か、あるいは7枚目のシャツとして、ぜひこのロイヤル・オックスフォードをご検討いただけたらと思います。

「下着なしのシャツは肌にべったりくっついて気持ちが悪い」という人にも、ぴったりです。コシがあり、家で洗っても扱いがラクなのも利点。イタリア製ですと2万円くらいですが、日本製なら1万円ちょっとくらいで買えるはずです。

シャツは、ロイヤル・オックスフォードの生地を中心に、セミワイド、巻き伏せ本縫い。この条件を満たしていれば、週に1回着ても、そう傷まずに着られるはずです。

METHOD 44

ポロシャツの快適さを活用しよう

ポロシャツは、**台衿**※注付きの白で長袖がおすすめアイテムです。

ポロシャツNGの会社もあると思いますが、私がおすすめするのはコットンの鹿の子素材の中でも目が細かく薄手で、ほとんどシャツに近いものです。しかも台衿が付いているので、ネクタイをして着用可能です。

ポロシャツの一番の問題は、ほとんどの商品に台衿がついていないので、ジャケットを着たときに、衿が埋まってしまうこと。でも台衿があればジャケット着用時も衿元がきれいに収まりますし、もちろんボタンを外してもサマになります。このポロシャツならば、ほとんどの会社で認められるビジネススタイルになると思います。

吸湿性と通気性に優れていますから、肌に触れたときにさらさらとした感触で、汗をかいても肌に張りつくことがありません。

しかもポロシャツに多いプルオーバーのデザインの他に、フルオープン、つまりボタンで前が全部開くタイプもあります。袖口はリブタイプではなく、カフスタイプになっているものを選ぶのがおすすめです。

家で洗濯できて、干すときにシワを伸ばせば衿にアイロンをかけるだけで着ることができます。それに、簡単に袖をロールアップできて、しかもシワになりにくい。

フルオープンのポロシャツは今後、日本のビジネスマンの間で、定番になっていくでしょう。クールビズ対応の商品として注目されましたが、実際には一年を通して着られます。私も一年中愛用しています。ストレッチ性があるのでどんなシャツよりも快適です。以上の全ての条件を満たして、私がおすすめできるブランドはラコステです。

※注　台衿＝衿を立たせるための土台となる部分。

METHOD 45

半袖シャツはサイズ感が大切

半袖シャツを着る際、気をつけていただきたいのは、「ジャケットを着ていないとき、シャツはいつも以上に目立っている」ということです。

ですからサイズが合っているか否かという「サイズ感」が非常に大切です。シャツをパンツに入れたとき、ウエストまわりがだぼついていると、野暮というか、オジサン風に見えてしまいます。

最近では、スリムフィットというタイプが多く出回っていて、これには背中に2本のダーツがとってあります。その分、ウエストは少々絞ってあるため、パンツに入れたときにだぼつかず、きれいに収まります。

特に痩せている方には、シャツのだぼつきが目立たなくなるので、おすすめです。

METHOD 46 極薄コットンの一枚仕立てジャケット

夏に、お客様からご要望が非常に多かったのが、「シワになりにくいジャケット」です。夏場はジャケットを手に持つことが多いですよね。電車や徒歩のときは暑いから脱いでいるけど、先方の会社の受付で挨拶するときには、着なければいけない。よく考えてみると、ジャケットは手に持ったり鞄に挟んだりしている時間のほうが、圧倒的に長いんです。

ですからラフに扱えて、しかも着たとき複元力のある素材が、夏のジャケットとしては望ましい。

そこでおすすめしたいのが、極薄コットンの一枚仕立てジャケットや**モヘア**[※注]混やホップサック素材のウールジャケットです。おすすめは紺の無地。

コットンジャケットに限ったテクニックですが、ボタンを黒蝶貝から白蝶貝に付け替えると、いっそう涼しげに見えます。要するに、白の面積が少しでも多くなると、爽やかな印象になるということです。白を上手に使うことも、クールビズを成功させるコツといえるでしょう。

ただし、ジャケットに白蝶貝のボタンは、かなりカジュアルなイメージです。フォーマル感を出したい方は、やはり黒蝶貝のボタンが無難な選択といえるでしょう。

オフィスのドレスコードで許されるのならば、**サッカー生地**[※注]もシワになりにくい。なりにくいというか、なっているのがわかりづらい生地です。軽くて持ち歩きやすい点でも優秀です。

松屋銀座では極薄一枚仕立てジャケット「ジャッツ」のパターンオーダーが可能です。シャツ生地で仕立てる「ジャッツ」は生地やボタンが自由に選べます。

※注　モヘア＝アンゴラヤギの毛から作った織物。
サッカー生地＝シアサッカーが正式名称。たてに縞状のしぼりの入った生地。

METHOD 47

ミディアムグレーのウールパンツ

クールビズに対応する紺のジャケットを購入したら、次はパンツですね。チノパンOKな会社はそう多くありませんから、まずはミディアムグレーのウールパンツがおすすめです。

紺のジャケットにグレーのパンツの組み合わせは、誰もが考えつく定番中の定番なのですが、実は意外にキチンとしたパンツを持っている人が少ないんです。

セレクトのポイントは、細身のシルエット、ノータック、ウール100％。この3つです。

スーツのパンツを利用している人もいると思いますが、そうするとスーツの上着が傷む前に、パンツが傷んで穿けなくなってしまうので、単品で買っておいたほうが、むしろ経済的です。

単品で購入するパンツの利点はもうひとつあって、強撚素材やモヘア混など、耐久性に優れたパンツ用の生地で作られているものが多く見つかること。やはりイギリス製や日本製の生地が多いですね。もちろん経・緯双糸です。膝が出にくく、シワになりにくいものが作られています。

ここまで読んでいただくとおわかりになると思うのですが、ビジネスのドレスダウンアイテムには、休日にも重宝するものが多いのです。クールビズを通じて、私自身は無駄な服が減る流れになってくれればいいなと思っています。

METHOD 48

クールビズにおけるアンダーウエア事情

第2章でも話しましたが、シャツは本来、紳士服の中では下着として扱われています。ですからヨーロッパでは、ビジネスで着るシャツの下にアンダーウエアを着る人はほとんどいません。下着の重ね着になってしまいますから。日本でも、スーツスタイルにこだわりのある人は、着ていないことが多いと思います。

とはいえ、高温多湿の日本では一概に「下着を着るのはカッコ悪い」とも言えません。実際、「シャツが肌に張りついて気持ち悪い」とおっしゃる方は多いですし、体質的に汗をかきやすい方もいらっしゃいますから。女性の方から「シャツから素肌が透けているのは気持ち悪い」という意見を聞いたこともあります。

ただ、シャツの下にアンダーウエアを着る場合でも、「基本は着ないもの」という前提を踏まえて、「シャツの下から透けない」ものを選んだほうがスマートです。最近では機能下着として、グレーとベージュの間のような色のアンダーウエアが販売されています。この色を着ると、ほとんど透けません。ぜひ、クールビズの1アイテムとしてご検討ください。

私の場合、もちろんシャツの下にアンダーウエアは着ませんが、夏場は会社にも鞄にも、着替え用のシャツを用意しています。で、汗をかいたら着替えてしまいます。オフィスの「置きシャツ」は便利ですよ。残業のときなどに、外部の人に会わない職場の方なら半袖のポロシャツに着替えてしまうのもありだと思います。

ビジネススタイルのマナーというのは「相手ありき」です。相手というのは、取引先はもちろん、オフィスの上司、女性社員も含まれます。男性が職場の女性に、見た目や臭いも含め、不快感を与えるのはNG。そこがクールビズの一番大事なポイントです。

時折、「自分さえ涼しければいい」と勘違いしている人もいるのですが、爽やかな印象や清潔感、涼しさを相手に感じさせなければ、本当の意味でのクールビズスタイルではないのです。

いくら半袖シャツを着ていても、「あの人、暑苦しい」と周囲に思われてしまうようでは、成功とは言えません。

METHOD 49 未知なる領域にはどう対応する？

現時点（２０１１年11月）では、環境省のガイドラインには「保温効果の高いインナーを着用しましょう。膝かけ、カーディガン、カイロなど、あったかい小物を活用しましょう」といったことしか書かれていません。

もしもあなたが、これから冬のスーツの購入を検討しているのであれば、紡毛素材のスーツを候補に入れていただくとよいと思います。紡毛とは、フランネルやサキソニーなどの起毛素材のことです。

私が個人的におすすめするのは「**ハリスツイード**※注」のジャケット。非常に保温性が高いうえに、機能性だけでなく、ここ数年はトレンド的にも流れがきています。

かなりラフに着ても傷みませんから、一度ハリスツイードのジャケットを買ったら、10年以上は着ることができます。デニムにも好相性なので、休日にも活躍してくれるはずです。

もうひとつおすすめしたいのが、3ピースのスーツです。「3ピースなんて、年配の人の服なんじゃないの?」と思われるかもしれませんが、こういう機会に見直したい、優れたアイテムです。

ヨーロッパではシャツが下着扱いであり、「シャツ一枚で人前に出ることはありえない」という話をしましたが、下着であるシャツが見えたら失礼なので、彼らは必ずベストを着用します。ベストのことをウエストコートとも言いますが、コートとは「カバーするもの」という意味。つまりシャツをカバーして、見せないようにするためのアイテムと考えられています。

日本にはそういった文化はありませんが、昭和初期には総理大臣もサラリーマンも、男性のほとんどが3ピースを着ていました。

現在は温度コントロールがしにくい、節電の時代になっていますから、多少は昔に戻る必要があるのかもしれません。だから積極的に3ピースを見直していいのではないかと思っています。そもそも3ピースって、すごくカッコいいものですよ。

さらに、単品のベストにも注目してはいかがでしょう。夏の「置きジャケット」の延長で、冬は「置きベスト」。通勤のときには電車の中はあたたかいし、コートも着ています。オフィスの設定温度が低くて寒いときは、会社の中ではベストを1枚、プラスすればよいのです。

※注　ハリスツイード＝ツイードの産地であるスコットランドの北西部に位置するハリス島産のツイード。伝統的な手紡ぎ、手織りで製造される。

METHOD 50

トレンドのアンコンジャケットはウォームビズ対策にも超優秀

ベストであれ何であれ、ウォームビズではジャケットの中に何かを着こむ機会が増えそうです。着こむためには、パッドがしっかりと入ったかたいジャケットでは、重ね着がしにくいですよね。

そこで便利なのが、「アンコンジャケット」です。「アンコン」とは、アンコンストラクテッドの略で、構築されていない、非構築なジャケットのこと。厳密には構築されているのですが、パッドを抜いたり裏地を省いたりした、少し軽いつくりのジャケットのことを指します。ここ数年続くメンズのトレンドアイテムでもありますので、まだ経験していない方は、この機会にぜひトライしてみてください。

METHOD 51

Vネックのセーター&カーディガンで温度調整を

Vネックのセーターとカーディガン。このふたつは、シャツの上に重ねてジャケットなしでもサマになる、便利なアイテムです。そしてVネックのカーディガンと、前ボタンのニットベストは、ボタンで脱ぎ着ができるので、温度調整に便利です。

個人的には、この中で一番のおすすめはVネックのカーディガン。ジャケットを脱いでも様になるし、温度調整も簡単なので、いいことずくめです。

ジャケットやスーツの中に着る場合には、重ね着してもモコモコしないハイゲージニットを選ぶのが絶対条件です。シルエットもタイトなものを選んでください。

「キツくないですか?」とよく聞かれるのですが、14~30ゲージくらいのかなり薄手タイプであれば、ほとんど着心地には響きません。イタリア人もよく、こういう重ね着をしています。ただし、これは肌着を着ないことが前提です。肌着を着て、さらにカーディガンを着るというのは無理があると思います。グレー系のスーツに薄いグレーのVネックカーディガンなら、3ピース風に着られます。ニット素材はシワの心配がありませんし、特にベストは嵩張《かさば》りませんから、鞄の中に入れておくと本当に重宝します。

Vネックのセーターと前ボタンのニットベスト

重ね着アイテムを選ぶポイントは、極薄手でジャケットのシルエットに響かないこと、ジャケットを脱いでもサマになること。ミディアムグレーを選べば、グレーのスーツにも紺のスーツにもよく合います。特にグレーのスーツにVネックカーディガンや前ボタンのニットベストなら3ピース風に着こなせるので便利です。

コラム3

松屋銀座のオリジナルスーツ

厳密な資料は残っていないのですが、『松屋「銀座の男」市』が始まったのは、1964年か1965年。東京オリンピックが開催され、日本が高度成長期に差し掛かった頃です。

実はそのときのスーツの価格も2着で2万9800円でした。'65年当時の平均初任給が2万4102円で、注文服はイギリス製の生地を使って縫製代込みで初任給と同額くらい。

日本では'73年のオイルショックまでは注文服の割合が50%を占めていましたから、多分、「男市」を始めた頃は、既製服が「つるし」と呼ばれ、あまりいい評価は受けていなかったはずです。その中で、高級既製服路線を打ち出したのです。

そもそも松屋の創業者である古屋徳兵衛という人は「百貨店で初」ということをいくつも打ち出した人でした。「バーゲンデー」「土足入り」「ショーウインドウ」「お好み食堂」等々。時代の先駆けをつくってきたのです。

どうしてこんな話をするかというと、当時の「男市」が、やはり松屋銀座の紳士服の原点だったということです。「市場にないものを市場にない価格で、しかも最高のクオリティで」

現在の日本はデフレが加速し、百貨店も価格競争の時代になっています。でも松屋銀座はこれに巻き込まれる以前、2008年の段階で、「高品質路線」にシフトしています。品質度外視の価格競争とはまったく別の方向に舵《かじ》を切ったのです。

私は年に4回はヨーロッパの生地問屋を直接訪ね、すでに他店にはない仕入れのルートを確立していました。これを活用して「価格以上の品質の既製服づくり」を目指したのです。つまり「オーバークオリティ、コストパフォーマンスの追求」です。

そして新たに企画した商品が初めて店頭に並んだのが、2010年の5月に開催された「銀座の男」市でした。

現在も「銀座の男」市で販売している2着で2万9800円のオリジナルスーツは、市場価格で言えば1着8万円台クラスの品質はあると自負しています。ハイクオリティでありながら、量販店で売られている一番下のプライスと変わらない価格です。

こうした商品以上に、「銀座の男」市の主力商品となっているのが「丸縫い既製スーツ」です。「丸縫い」とは、注文服の仕立て職人が一着のスーツを丁寧に縫い上げることを指しています。

あまり知られていませんが、日本には本当に優れた技術をもった職人がいます。彼らが作るスーツは、イタリア製の70万~80万円もするスーツと並べても、決して引けをとりません。

「日本の丸縫い技術と上質な生地、ここにトレンドを組み合わせれば、世界のどこにもない松屋銀座オリジナルのスーツが作れるはず」と確信し生まれたのが、「丸縫い既製スーツ」です。

採寸と仮縫いがないことを除けば、最高級の注文服と変わらぬクオリティ。それを1着4万円台から実現したのは、日本製の既製服のひとつの完成形と自負しています。

しかも、既製服ながら身長150㎝台から180㎝台にまで対応し、通常は16サイズ展開のところ、「銀座の男」市限定で24サイズ展開し、お客様のニーズに幅広く対応できるようにしています。

「丸縫い既製スーツ」は2型で、生地のランクにより価格は4万円、4万5000円、5万5000円(すべて税別)となっていますが、その中で最初に売り切れてしまうのが、実は一番高い5万5000円のスーツです。

イタリアの最高級生地を使った「丸縫い既製

スーツ」がどれほどの価値をもつものか、お客様がきちんと理解してくださっているのは、私たちとしても嬉しい限りです。

ただ問題なのは、量産はできないこと。職人の人数と生産能力を考えると、クオリティを落とさないためには300着が限界です。

日本の注文服の職人は、以前までその素晴らしい技術に見合った待遇を受けているとは言い難い状況でした。でもその技術を絶やしてしまうのは、日本の紳士服業界にとってとても大きな損失。

本来、作り手と売り手は、持ちつ持たれつの関係のはず。作り手の能力に見合った対価を支払い、その製品を世に送り出すことも私たちの重要な仕事だと考えています。

「丸縫い既製スーツ」300着は、「銀座の男」市限定の商品です。でも、地方のお客様から「東京まで買いに行けない」という多数のご意見をいただき、2010年からは「アトリエメイド」という名前で、年間を通した販売を始めました。ただし、こちらは生地や副資材などのグレードをさらにアップして、スーツは7万円と7万6000円(ともに税別)ジャケットは5万円(税別)です。

私も週のうち2日か3日は、必ず売り場に立つようにしています。接客の中でお客様のご要望から得られる情報は、服作りをしていくうえで、非常に参考になります。

松屋銀座が誇る、オーバークオリティなオリジナルスーツですから、これからも進化し続けますよ。

CHAPTER 6

いいものを適正価格で買ったら、長く使おう

いいものを適正価格で買ったら、長く使おう

最後の章は、「お手入れ」に関する話です。

「お手入れ」というと、ほとんどの男性は「パートナーにお任せ」というのが、現状ではないでしょうか。

でも、あなたは愛用しているゴルフのクラブを磨くことはありませんか？

愛車を磨く時間を惜しむでしょうか？

ほんの少しの時間で結構です。あなたのワードローブに加わった「相棒」のために、手間と時間を割いていただきたいのです。

ちょっとの手間をかけたスーツは、確実に寿命が延びます。

よく手入れされた靴は、10年後も、あなたの役に立つでしょう。

私自身は、スーツやシャツ、靴などが「消耗品」とは思っていません。

でも多くの家庭でそれらが消耗品として扱われ、不本意な捨てられ方をしている事実を知っています。

エコの観点からも問題ですし、そもそも経済的な無駄が多すぎます。

試しにワンシーズンだけでも、実行してみてください。クリーニングに出すスーツが、ほとんど傷んでいないことに驚くはずです。

効果が実感できれば、それを習慣にするのは案外簡単なことですよ。

METHOD 52 スーツの数だけ厚手ハンガーを用意する

ウールは復元力に優れた素材です。一日着て、汗などの湿気が溜まったスーツをハンガーに掛けて風を通し、湿気を抜いてやるだけでもシワがとれ、自己回復します。

ハンガーは、厚手の木製で塗装していないものがベストです。塗装されていると湿気を吸わないので、あまり意味がありません。ただ木製は高価ですし、薄い木製だったら、かえって厚いプラスチック製のほうがいいと思います。これなら500円ほどで買えるはず。

ご家庭のクローゼットに厚いハンガーがあると、非常にスペースを取って邪魔だとは思いますが、「たった3着分だから」ということで、奥様には許していただくことにしましょう。

最悪なのは、クリーニングから返ってきたときの薄いプラスチックや針金ハンガーです。どんな上等なスーツも一発で型崩れします。シーズンオフ、ビニールをかけっぱなしで針金ハンガーに吊るしっぱなしでは、スーツの寿命が確実に縮むと覚えておいてください。

ウールには復元力があるとお話ししましたが、ラペルのきれいなロールも肩まわりも、薄いハンガーにかけると、かたちが崩れてしまうんです。一日着て湿気を吸っているスーツだったらなおさらです。

ですから、スーツを購入したら、まず厚手のハンガーを必ず用意してください。ジャケット用とパンツ用の2本、あるいは兼用のものでも構いません。

帰宅したら、まずはパンツ、ジャケットのポケットの中に入っているものを全部出しましょう。内ポケットも忘れずに。この状態にもどすだけでシルエットが美しく保たれます。その上でジャケットは厚手のハンガーに、パンツはベルトのほうを下にして、裾を挟んで逆さに掛けられるハンガーに。これで通気性が保たれ、型崩れを防ぎます。

よくパンツを半分に折って掛けている方がいますが、これではパンツのシワがとれません。シワはパンツの自重で伸びるものですから。しかも脱いだばかりのパンツは湿っていますので、折ったところに変な折りジワがついてしまいます。

私の説明は、「スーツはローテーションを組み、最低でも中1日はあける」ことを前提にしています。可能でしたら、脱いだスーツは次の朝まで、できれば丸一日はタンスにしまわず、湿気を完全に抜くことをおすすめします。

そしてタンスにしまう際には、あまりぎちぎちに詰めこまないよう気をつけてください。これも型崩れの原因となります。

METHOD 53

スーツのクリーニングはシーズンに一回が理想

実はスーツって、それほど度々洗わなくていいものなんです。

でもみなさん、特に夏場はシーズンに何度かクリーニングに出すものだと思いこんでいる方が多いですよね。多い人だと、ひと月に一度はクリーニングに出すそうですが、これは絶対にやめていただきたい。スーツがすぐに駄目になってしまいます。

スーツにこだわりのある人の中には、冬物だと5年以上洗わない人もいます。いや、洗わない人のほうが多いと思っていただいても結構です。別に不潔じゃないんですよ。洗わないかわりに、着た後には必ず丁寧にブラッシングしています。

スーツが傷むのは、ホコリや脂が繊維の間に溜まってしまうからです。それをとるためにドライクリーニングや水洗いがあるわけですが、帰宅後にブラッシングをすることにより、繊維に詰まった汚れやホコリがとれるので、クリーニングでダメージを与えるよりは、ブラシをかけて手入れをしたほうが、スーツはずっと長持ちします。

ウールの毛芯には、動物油が含まれています。ドライクリーニングの処理では、この油が抜けてしまい、芯地も生地も傷んでしまいます。プロは、スーツを作る工程を目にしているし、毛芯も実際に見て触っていますから、「これは滅多に洗えないな」ってわかっています。

ですからクリーニングはシーズンの最後に1回が理想。そのためのブラッシングなんですね。帰宅してスーツを脱いだら、軽くブラシを当て、ホコリをとる。少なくとも週に1回はブラシをかけていただきたいです。

車の洗車を想像してみてください。車がお好きな方は、自分で手洗いしてワックスをかけて、から拭きして。結構な手間ですよね。でも面倒な方は、ガソリンスタンドの自動洗車機で済ませてしまいます。ごく細かい傷はつきますが、まぁ気にしません。

スーツの手入れを毎日マメに行うのと、ひと月に一度クリーニングに出すのでは、そのくらいの違いがあるんです。

ブラシのかけ方で一番簡単なのは、ハンガーに掛けた状態で両肩や衿の後ろとラペルだけささっと。これだけでも、全然違います。1分もあったらできるはずです。パンツが面倒だったら上着だけでも結構です。

ブラシをかけたら、少し霧吹きをしてもいいですね。霧吹きをして1日もおけば、ほとんどのシワがとれ、スーツは着る前の状態に戻っているはずです。

ぜひ、習慣にしてください。

METHOD 54

消臭・除菌には、スチームアイロンが効果的

お手入れに関して、お客様からの質問が多いのは、よくテレビで宣伝している除菌・消臭スプレー、あるいはシワとりスプレーに関するものです。

確かに夏場、電車で長く座った後の膝の裏など、なかなかシワがとれません。臭いも気になりますしね。そういうときは、霧吹きしてアイロンをかけるのが一番です。

アイロンのスチームには殺菌、防虫の効果があります。

つまり、アイロンの熱で生地についた害虫が死滅し、水分と熱によって生地自体が復元します。また、上着やパンツの臭いとシワをとるには、ハンガーに掛けたまま、スチームをあてるだけでも効果があります。

ただ、パンツのセンターラインのプレスは、スチームだけでは無理なので、線が消えかかってきたら、アイロンを。うまくかけるコツは、線が完全に消えてしまう前に、マメにかけること。当て布を忘れないようにしてください。

線が消えてしまったパンツは、プロに任せたほうが無難です。

そうそう、これも大切なことですが、できればズボンプレッサーは使わないでいただ

きたいのです。ほとんどの場合、センターのプレスラインがずれてしまいますから。

最後にシーズンオフの保管についてですが、洋服ダンスに入れているのならカバーは不要です。ウォークインクローゼットのように広い空間に保管するのなら、湿度を保つ意味で必要となります。

おすすめは通気性のよい不織布《ふしょくふ》でできたもの。最近はスーツを購入した際についてくる場合もありますので、そのまま使用するといいでしょう。

繰り返しになりますが、クリーニングから返ってきたときにビニールカバーをかけたままにしておくのは絶対にアウトです。中にガスが溜まって、変色と湿気の原因になります。

METHOD 55

シャツのアイロン、どうしてますか?

できることなら、シャツは家で洗濯するのが一番いいと思います。理由は、多くのクリーニング屋さんで使われているプレス機です。

一枚500円くらいの高級仕上げは別として、通常はシャツのボタンを留めたまま、上からプレス機でガチャンとプレスをかけています。時々、背中にボタンの跡が付いている人を見かけませんか? あれは、前のボタンが押されて付いた跡です。

上質なシャツで厚いボタンを使っているものほど、すぐにボタンが割れてしまいます。かなり高圧のアイロンを使うので、組織があまい生地は風合いが死んでしまいます。極端な話、ボタンが留められないくらい縮んだりすることも。

クリーニングは便利ですが、このようなリスクもあるということです。

基本的には家で洗って、全部は無理でも衿とVゾーン、カフスくらいにはアイロンをかけていただくのが理想です。

「上着を脱いだら手抜きがばれる」とおっしゃる方もいますが、私自身は自然なシワだったら構わないと思います。むしろ、コットン本来の風合いが出るように、あまりツルツルにプレスしすぎないほうがいいくらいです。

もうひとつ、私がクリーニングを積極的におすすめしない理由は、糊でパリッとしすぎて、衿の表情をつけようと思っても、やりようがないこと。クリーニングの技術にもよりますが、糊の利かせすぎは生地を傷めてしまい、シャツ本来の柔らかさが損なわれてしまいます。その点、家で洗うとふわっとできます。

ファッション関係で多少のこだわりを持つ男性なら、ほとんどの人が自分で洗って自分でアイロンしていると思います。

ただ、一般のご家庭の大多数はシャツをクリーニングに出されているようですから、シャツのご家庭でのアイロンは、かなりハードルが高いですね。奥様の負担が増えて叱られそうですが、「できれば、家で洗濯」をお願いします。

立って使うタイプのアイロン台があると、かなり負担が軽減するはずです。

とはいえ、せめてクリーニングに出す際の注意点くらいは知っておきましょう。

「糊なし、手アイロンで、ハンガー仕上げ」がおすすめです。

多分、「糊なし」のオーダーを受けてくれるクリーニング屋さんは、かなり丁寧にやってくれるはずです。その分、料金は上がりますが。

「ハンガー仕上げ」の利点は、ひと目でシャツが見渡せること。たたんでしまうと、枚数が増えれば増えるほど、整理しにくくなります。

METHOD 56

靴の数だけシューキーパーを

ハンガーと同様、湿気を吸うという理由で、シューキーパーも木製がベストですが、プラスチックのものでも結構です。プラスチックなら、1000円しないはずです。

靴1足にひとつ、用意してください。可能であれば、木製をひとつ買って、履いた日は木製を入れて湿気をとり、翌日プラスチックに替える方法もあります。

でもプラスチックのシューキーパーでも、使わないよりずっといいので、必ず入れるようにしていただきたいです。

よく、靴を「履きつぶす」方がいらっしゃいますが、非常にもったいないですよね。

靴の製法でグッドイヤーウエルト方式というのがありますが、これの利点は、革底が数回張り替えられることです。

靴底は革を何層かに重ねて作られていますが、一番下の革がすり減ったときが修理の目安です。

たいていはつま先かかかとが傷みますが、ソールを全部替える必要がなく、つま先だけ、あるいはかかとだけ交換でき、目安としてつま先で2000円、かかとが3000～4000円くらい。履きすぎてしまうと追加料金がかかりますので、早めの交換を。

これを何度か繰り返して、靴底自体が薄くなったり、穴があいたら、総交換します。目安は1万5000円くらいです。「修理代にしては高いな」と思われるかもしれませんが、手入れ次第では、3万円の靴でもグッドイヤーウエルトであれば、10年履けることも珍しくはないので、結果的には安いものです。

ちなみに、私が信頼して靴の修理をお願いしているのは、『ユニオンワークス』(http://www.union-works.co.jp) の中川一康さんです。

METHOD 57

スーツ同様、靴もブラッシングが大切

靴を長持ちさせるポイントは、

必ず脱着の際に靴紐を緩めること
靴べらを使って靴を履くこと
シューキーパーを使うこと

この3つは基本中の基本です。

紐を緩くしたまま履いていると、かかとが内側からすれる原因になるうえ、かかとが靴の中で動くので、靴の内側が傷みやすいんです。また、紐を締めたまま無理に脱ごうとすると、足入れの部分にヒビや亀裂が入ったりします。

履き終わったらシューキーパーを入れ、ブラシをかけます。スーツと同じですね。

実は靴が傷む原因の多くはホコリです。履いているうちに、シワになっているところにホコリがたまります。それを放ったまま履き続けると、シワの中でホコリが動いて、紙ヤスリのように革を削っていきます。それが怖い。ですから履き終わったら、シワが寄っている箇所を中心に、靴ブラシをかけることが大切です。

シューキーパーを入れてから作業するのは、シワが伸びてブラシがかけやすくなるからです。

最悪、靴用の柔らかい布でひと拭きするだけでも、全然違います。

靴は全体の印象を決める大切なアイテムです。手入れされていない高価な靴を履くよりも、安価でもよく手入れされた靴を履くほうが、ずっと印象はいいものです。ヨレヨレの靴は、スーツの印象までもくすませて見せてしまうことをお忘れなく。

METHOD 58

便利な製品には落とし穴が

プラスチックのケースに靴墨がついたスポンジが入っている、簡易靴磨きをご存じですか？　正直に申しまして、あれはおすすめできません。ホコリや泥がついたまま、上からコーティングしてしまうようなもの。

たとえて言うなら、女性がクレンジングをせずに、ファンデーションの上から、さらにファンデーションを塗ってしまうようなものです。コーティングして光らせるので、通気性が落ちてしまいます。

簡易靴磨きを使うくらいなら、ブラシをかけるか布で拭きとりましょう。

靴を磨くのは、できれば月に一度が目安。ワックスより、乳化性のクリームを塗るほうが、簡単でおすすめです。

ワックスは確かに光りますが、ロウが強すぎて、革が割れることがあります。ですからワックス系より、乳化性のクリーム。湿度を保って革に栄養を与えるので、ワックスで磨いてツルツルにするより、乳化性クリームの自然な艶のほうがいいと思います。半透明の乳化性クリームが、靴屋さんでは「デリケートクリーム」という名前で売られています。靴以外の革製品にも、使えます。

靴墨を使って磨くこともありますが、靴墨をつける前には必ず、汚れ落としのクリームで前に塗った靴墨を落とすことを忘れないでください。

お化粧にたとえると、ファンデーションを塗る前には、必ずクレンジング。これと同じ発想です。本当は2週間に一度、手入れができればいいのですが、最低でも1ヵ月に一度は乳化性のクリームを塗って、靴底のチェックもしてください。

防水スプレーもできれば使用は控えてください。表面の通気性が低下します。

雨の日用のラバーソールの靴を1足用意する、もしくはスエードの靴を買っておくのもおすすめです。

一般的にはスエード素材は汚れやすいイメージがあるようですが、実は手入れがとてもラクなんです。ブラシだけで済みますから。

私自身、雨の日用の靴はスエード素材のラバーソールです。海外出張のときも、このスエードシューズは重宝します。

私以外にもメンズのバイヤーが海外出張でスエードの靴を履いている率が高いんですね。ブラシ1個もっていけば何とかなりますし、忙しい出張の間、あまり手入れをしなくても、手抜きしているようには見えないので。それに冬のフラノ素材の起毛感や、夏の麻などにスエードはすごく相性がいいんですよ。

ただし本来、水には弱い素材ですので、2日続けて雨の日に履くのは無理がありま す。スエードは完全に濡れてしまうと元に戻らないのが、悩ましいところです。

比較的新しい商品としては、靴ごと履けるカバーも出ています。高いものは2万円くらいしますが、安いのは3000~4000円。鞄に入れておくと、不意の雨とかゲリラ豪雨対策に重宝します。

METHOD 59

ネクタイは、汚れたら捨てる覚悟で

最後の仕上げはネクタイです。基本的にはスーツ同様、一日使ったらすぐにしまわず、首に当たった部分の湿気を抜きます。簡単なのは、スーツを掛けたハンガーの首のあたりにかけておくことです。

ひと晩経って、スーツの湿気が抜ける頃にはネクタイも乾いているので、一緒にタンスに戻せばいいと思います。

保存方法は、４つ折りがベスト。実は私も吊るしているのですが、吊るすと自重で伸びてしまうので、たたむのが理想です。

人によってはくるくると巻いて収納する人もいますが、特にメリットはないですね。

汚れに関しては、残念ですが、シミができたらネクタイはお終いです。

クリーニングに出せばいいと思われますか？　ネクタイは表に使われているシルク素材と、中の芯地の縮み率が全然違うので、洗うとつれてしまいます。ドライクリーニングであっても、ふわっとした風合いは失われてしまいます。

海外では洗ってくれるところがありますが、そこでは一度ネクタイをバラしてから洗っています。表は表、中は中で洗って、縫製し直すのです。

私はお気に入りのネクタイを締めたときには、食事の際も汁が飛ぶようなものはオーダーしません。みなさんもお昼休みにラーメンや蕎麦を食べるときには、ぜひ、ネクタイの扱いに注意してください。

「ネクタイは消耗品」とは言いたくないのですが、汚れに関してはなす術《すべ》がありません。大剣の端が傷んだときも、寿命と思って諦めてください。

それから、日常で一番、ネクタイを傷めるのは、外すときです。テレビや映画で、ネクタイをグイグイッと無造作にゆるめるシーンをよく見ますが、あれは最悪です。ほどくときには、結び目に指を入れて、少しずつゆるめながらほどきます。

ネクタイの縫製は、すべて繊細な手作業なんです。糸をすくって留めているだけなので、乱暴に扱うと一発で切れてしまうこともあります。

ここまで読んでこられて、正直「めんどうだな～」と感じた方も多いと思います。スーツや靴を美しく保つには、確かに少々、手間がかかります。

でも、せっかく手に入れたお気に入りではないですか？

経済的な意味でも、長く愛用したいと思うのは当然です。そのために、どうぞ少々の手間と時間を費やしてください。

私自身はどれだけ酔って家に帰っても、朝起きるとスーツとパンツ、ネクタイはハンガーに掛かっています。もちろん、パンツも逆さになっていますよ。ベルトはつけっぱなしのときがありますが。

スーツに愛着をもつというのは、つまりはこういうことなのです。

METHOD 60
新品よりも「使いこなした」服がカッコいい

第1章でイギリス製生地の経・緯双糸の話をしましたが、経・緯双糸の生地のスーツは、まさに「着こなす」スーツの典型だと思います。

買ったばかりのときは、ちょっとかたい感じでざらっとしているのですが、2年目のシーズンになると、とてもいい感じで体に馴染んできます。これは経・緯双糸が耐久性に優れているからこそ。経・緯双糸ならではの素材感です。

そして、長く着るための耐久性を考えると、毛芯仕立てのスーツを選ぶこと。肩パッドもある程度入っているものが、保型性を保つためにもおすすめです。

あくまで好みの問題ですが、「昨日買ってきました！」とひと目でわかる服よりは、「何年間も着て体に馴染んでいるのに、アイロンがパリッとあたって手入れがいいな」と思わせる服が、私自身は好きですね。

スーツの手入れで一番大切なのはブラッシングです。最初は面倒ですが、慣れてくると意外に楽しいものですよ。マメに行うことで、スーツの寿命がグンと延びるのですから。

着て体に馴染んでくることによって出てくる風合いがカッコいい。それはレザーやデニムだけに限ったことでなく、スーツの世界でも同じなんです。

着込んで自分の体に馴染んでくると、愛着が湧いてきます。その風合いを楽しむのもいいものです。

相手に与える印象で、スーツ以上に重要なのは靴です。スーツと靴をきちんと手入れすること。これだけであなたの印象は飛躍的に向上するはずです。

逆に、高価なスーツを着ていても、靴の手入れを怠っていれば、高いスーツを着る意味はありません。

ファッションに「初級」とか「上級」があるとしたら、たくさんのスーツやシャツ、ネクタイを持つことだけが大事なのではなく、むしろ持っているものを「どう使いこなすか」「どう着こなすのか」が大切だと思います。

こうした観点からすると、男の服は「新品よりも体に馴染んだもののほうが断然カッコいい」のです。

おわりに

２０１０年の秋、個人的に10年以上通い詰めた大阪の仕立て職人と一緒に作った「丸縫い既製スーツ」が「アトリエメイド」という松屋銀座オリジナルブランドとして、初めて店頭に並びました。

大学時代、昼間は講義をサボって原宿や高円寺の古着屋を回る毎日。そして夕方からは、目標とするメンズのバイヤーになるために簿記の専門学校へ。

松屋に入社してメンズのバイイングを担当してから約20年、「価格を超える価値のある商品」を作ることをいつも考えてきました。売れ筋にばかり走らず、妥協せずにもの作りを行うことの価値とは何か、そう自分に問い続けてたどり着いた答えが、顧客の厳しい要求に応えるには、自ら作り、自ら売る必要があるということ。

まだ会社に海外出張を認めてもらえなかった20代の頃から自費でヨーロッパ各国を回りはじめたのは、「本当にいいスーツとは何か」と考えたときに、スーツの構造から理解しなければと思ったからです。名店といわれるメンズの専門店や古着のマーケットを、食事をするのも忘れるくらい夢中で回りました。

ロンドンやミラノ、フィレンツェ、そしてパリ。テーラーを回って自分のスーツやジャケットをオーダーし、職人に教えてもらったことはすべて手帳に書き込みました。そして夜は閉店後のショーウインドウを見て回る日々。

古着のマーケットでは、1940年代から1970年代のハンドメイドのスーツやジャケットを数え切れないくらい購入しました。日本に帰るフライトは格安チケットなのに、毎回、荷物の重量オーバーの追加料金がかかるくらい。当時の自分には分不相応な出費でした。そんなとき、いつもそっと援助してくれた祖母。本当にありがたかった。でも、このたくさんの経験が現在の私のもの作りのベースになっているのです。

自分の知識や経験が深まっていく中、同じ情熱を持って海外で勝負していた男との衝撃的な出会いがありました。その男とは、現在まで20年来の相棒、モデリストの井地八朗氏です。さらにその後の、日本でもトップレベルの技を持つ仕立て職人との出会いが、「価格を超える価値のある商品」の実現へとつながっていったのです。

バイヤー、モデリスト、仕立て職人。もの作りに携わる人たちそれぞれの思いをかたちにした究極のスーツ、「丸縫い既製スーツ」の誕生です。手入れをしながら着込んで、体に馴染んでくるとカッコいい、そんなスーツをずっと作りたいと思っていました。理想は「未来のヴィンテージ」。自分の「スタイルを持った男」に似合うスーツです。

ビジネスファッションが相手への気遣いである以上、男がスーツを着こなす究極の目的は、ビジネスの相手に好印象を与えること。成功する男は、さりげなくスーツを着こなしても相手にいつも好印象を与えます。それは、ビジネスにも着こなしにも、自分のスタイルを持っているからに他なりません。そして、ビジネスにおいて上質なスーツや手入れの行き届いた靴が絶大な影響力を持つことをよく理解しています。

ひとりでも多くの男性が、義務感からではなく、装うことを心から楽しみ、「スタイルを持った男」になるためにこの本が少しでもお役に立てれば幸いです。そして、あなたが選んだ良いスーツが体に馴染んだ頃、それがあなた自身のスタイルになっているはずです。

最後に、この本を書くチャンスを与えてくれた編集者の角田多佳子さん、ライターの河西真紀さん、難解な専門用語と格闘し、休日返上でのご協力、本当にありがとうございました。

著者略歴

宮崎俊一（みやざき・しゅんいち）

1965年北海道生まれ。1989年株式会社松屋入社。96年より紳士服バイヤーとして活躍。2002年から年２回開催される紳士服の催事「『銀座の男』市」のオリジナルスーツ等の企画開発を手がける。独学でイタリア語を習得して生地の買い付けに出向き、国内の仕立て職人とともに作る「丸縫い既製スーツ」が人気を集め、イタリア製スーツを凌駕するその品質の高さはアパレル業界を驚愕させた。現在はIFIビジネス・スクール、青山学院大学、法政大学、東京経済大学においてファッションビジネスのカリキュラムで講師を務める。毎日新聞の連載、ファッションセミナーなど幅広く活動している。

松屋銀座／東京都中央区銀座３－６－１　電話03-3567-1211（大代表）
営業時間　10:00 ～ 20:00　無休　http://matsuya.com

9割《わり》の人《ひと》が間違《まちが》ったスーツを着《き》ている
成功《せいこう》する男《おとこ》のファッションの秘訣《ひけつ》60

2011年12月15日　第1刷発行
2012年12月13日　第5刷発行

著者――――宮崎 俊 一《みやざきしゆんいち》

発行者――――鈴木 哲

発行所――――株式会社講談社
〒112-8001 東京都文京区音羽2-12-21
編集部　03-5395-3527
販売部　03-5395-3625
業務部　03-5395-3615

装丁――――albireo

撮影――――大坪尚人（本社写真部）

本文組版――――朝日メディアインターナショナル株式会社

印刷所――――慶昌堂印刷株式会社

製本所――――株式会社国宝社

ISBN978-4-06-299752-2